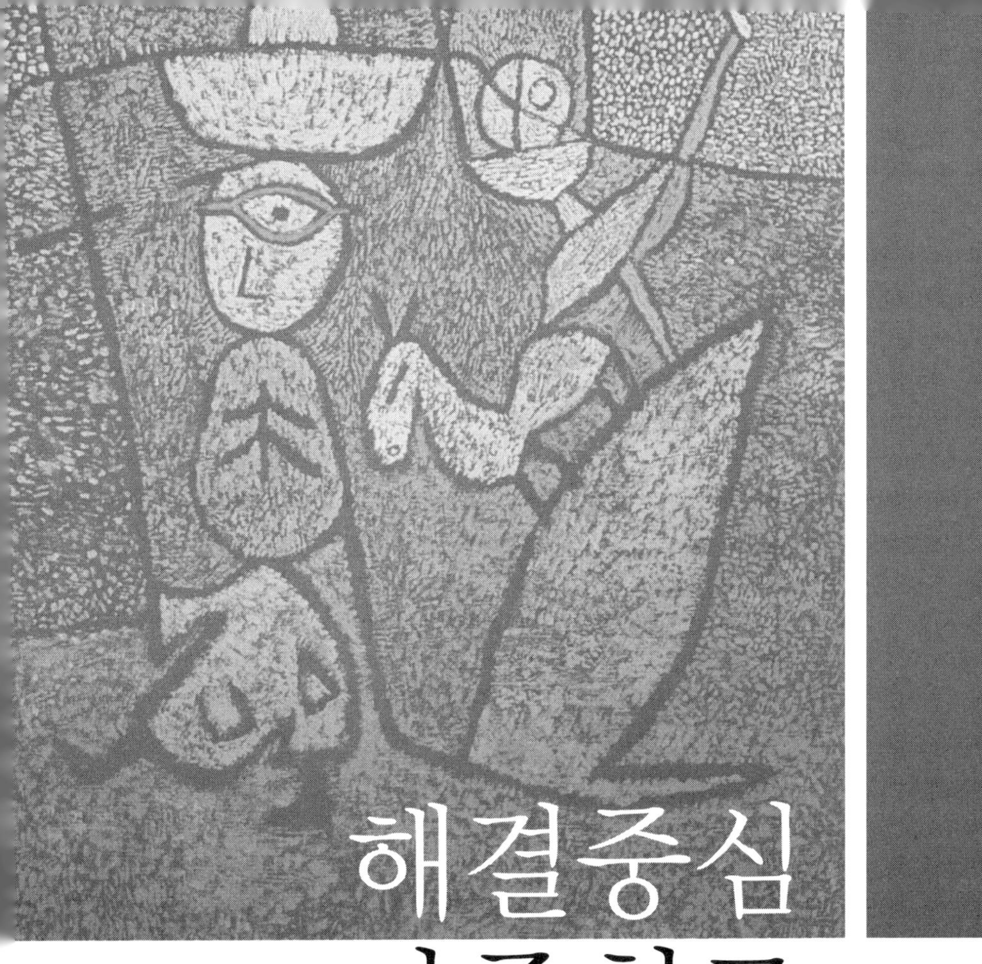

해결중심 가족치료 사례집

정문자 · 송성자 · 이영분 · 김유순 · 김은영 · 어주경 공저

학지사

머리말

오늘날 우리 사회는 눈부신 경제 성장과 문화적 발전을 이루었으나 이면에는 많은 사회, 심리적 문제가 병존하고 있는 것이 사실이다. 예전의 확대가족이 가족 구성원의 문제 예방과 해결에 적극적으로 관여하였던 것과 달리 핵가족은 아동의 비행문제, 청소년의 중독문제, 부부 갈등과 그로 인해 발생하는 이혼문제에 대해 자체 해결이 어려우므로 전문상담인의 적극적이고 단기적이며 효율적인 개입이 필요하다.

이 책은 한국단기가족치료연구소의 연구 · 상담위원으로 있는 교수들이 상담한 사례들로 엮었다. 본 연구소는 1991년에 "가족치료연구모임"으로 출발하였으며 가족치료를 강의하고 상담하는 대학교수들과 소아정신의가 중심이 되어 해결중심모델로 상담하였고 반영팀을 활용하는 등 효과적인 가족치료를 위한 여러 가지 시도를 해 왔다. 1996년 9월에는 "단기가족치료연구소-한국지부"를 개원하여 본격적으로 해결중심 가족치료를 하던 중 한국적 가족치료가 어느 한 모델에 치중하기보다는 통합적 접근이 더 효율적이라는 생각에 의견이 모아졌다. 그리하여 2001년 9월에 "한국단기가족치료연구소"로 개명하여 해결중심 외에 통합적 접근을 사용하여 가족상담자를 교육, 훈련해 오고 있다. 최근에는 이혼상담전문가 훈련 등 다양한 주제의 교육과정을 가지고 시대적 요구에 맞는 전문상담인을 양성하고 있다.

이 책은 『무엇이 좋아졌습니까? 해결중심 치료의 적용』에서 소개된 가족치료 사례의 일부와 최근에 발생하고 있는 아동 · 청소년의 문제를 다룬 사례들이 수록되어 있다. 치료과정에 대한 기록과 분석은 사례에 따라 차별화해서 기술되었으므로 독자들에게 다양한 관점과 접근 기술을 보여 줄 것으로 생각한다.

본 사례들의 공통된 특징은 Milton Erickson의 상담에서 나타난 것처럼 내담자의 장점, 강점, 자원은 물론 증상까지도 긍정적으로 활용하도록 격려한 것과 사고를 전환시키는 질문들로 문제해결을 용이하게 한 점이다. 또한 해결중심모델의 개발자인 김인수 선생님과 지금은 고인이 된 남편 Steve de Shazer의 내담자에 대한 존중, 문제해결을 위한 긍정적 · 창의적 질문들을 사용함으로써 내담자의 목표가 단기에 성취되도록 한 점을 들 수 있다.

이 책은 해결중심접근으로 상담한 사례를 중심으로 구성되어 있으나 출간예정인 『해결중심 치료의 이론과 실제』를 통해 해결중심 치료의 이론과 이의 적용을 폭넓게 이해하길 바란다. 이 사례집의 원고를 정리해 준 연세대학교 아동 · 가족학과 대학원의 김호정, 김윤경 씨와 한국단기가족치료연구소 인턴 김민정 씨에게 감사한다. 이 책의 출판을 맡아 주신 학지사의 김진환 사장님과 편집을 맡아 준 이지혜 씨에게 감사를 드리며, 이 책이 가족치료를 연구하며 임상을 하시는 분들께 도움이 되기를 바란다.

2006년 9월에

편저자 대표 정문자

차 례

해결중심 가족치료의 이해

이 책은 해결중심 가족치료 모델을 주로 사용한 사례들을 중심으로 엮었다. 해결중심 가족치료가 한국에 소개된 지 20여 년이 된 지금 해결중심적 사고와 치료과정은 비교적 잘 알려져 있다. 어느 특정 모델이 모든 사례에 만능으로 적용될 수는 없겠으나 해결중심적 철학과 원리는 전통적 상담 모델에 비해 내담자를 병리적으로 보지 않으므로 내담자와의 치료적 관계 형성에 도움이 된다. 이 모델의 긍정적이고 미래지향적이며 예외 탐색을 통한 구체적인 질문들은 목표설정을 용이하게 하며, 내담자의 자원과 강점을 이용한 목표지향적 질문들은 문제해결 과정을 촉진한다.

해결중심 단기가족치료는 전략적 치료를 시도한 정신조사연구소(MRI)에 관여하였던 Steve de Shazer와 Insoo Kim Berg가 중심이 되어 발전시킨 모델이다. 이들은 1978년 Milwaukee에 Brief Family Therapy Center(BFTC)를 개설하여 단기가족치료 모델을 해결중심 모델로 발전시켰다. Insoo Kim Berg가 임상과 교육 및 훈련을 많이 실시한 반면, Steve de Shazer는 연구와 이론형성에 크게 기여하였다. 해결중심 가족치료 모델은 은유, 긍정적인 측면의 강조, 일탈행위의 증폭, 자기탐색 회피하기, 가족생활주기 등을 중시한 단기치료의 선구자인 Milton Erickson의 가치, 철학, 전략 등에서 영향을 받았다. 해결중심 치료는 사회구성주의 관점의 영향도 받았는데, 특히 세 가지 측면에서다. 첫째, '현실에 대한 보편적인 진리는 존재할 수 없다'로 현실에 대한 다양한 관점을 인정하고 불일치와 차이를 수용하는 사회구성주의의 인식론과 가치는 해결중심 접근의 탈이론적이고 비규범적인 것을 추구하는 데 영향을 미쳤다. 둘째, '실재는 사회적으로 구성된다'로 현실이란 어떻게 지각하고 해석하느냐에 따라 다르게 존재할 수 있으므로 치료자와 내담자가 어느 상황을 문제가 되지 않는 관점에서 볼 수 있다면 더 이상 문제는 존재하지 않는다. 셋째, '현실은 언어를 통해 조직된다'로 인간은 언어 체계를 통하여 경험하고 지식을 표현하므로 이는 특정한 관계의 맥락에서만 의미가 있다. 그러므로 상담과정에서의 치료적 대화는 해결중심적인 맥락을 구성하는 데 도움이 된다.

이 책에서는 해결중심 치료의 핵심만을 정리하여 기술하기로 한다.

1. 해결중심 치료의 원리와 기본철학

해결중심 치료는 내담자가 문제해결을 위한 자원을 이미 갖고 있으며, 문제를 해결할 능력 또한 갖고 있음을 기본 전제로 한다. 해결중심 치료의 가정(assumption)은 다음과 같다.

첫째, 병리적인 것 대신에 건강한 것에 초점을 둔다. 잘못된 것에 관심을 두는 대신에 성공한 것과 성공하게 된 구체적인 방법을 발견하는 데 관심이 있다.

둘째, 내담자의 강점, 자원, 심지어 증상까지도 발견하여 치료에 활용한다. 내담자가 원하는 결과를 성취하기 위해 내담자가 이미 가지고 있는 자원, 기술, 지식, 믿음, 동기, 행동, 사회적 관계망, 환경 그리고 증상도 치료에 활용한다.

셋째, 탈이론적이고, 비규범적이며, 내담자의 견해를 존중한다. 인간행동에 대한 이론의 틀에 맞추어 내담자를 진단하거나 사정하지 않는다.

넷째, 간단하고 단순한 방법을 일차적으로 사용한다. 해결중심적 모델은 치료 목적을 달성하기 위해 방법의 경제성을 추구하므로 간단한 방법부터 사용한다.

다섯째, 변화는 불가피하다. 변화는 삶의 일부이므로 이를 피할 수는 없다. 문제가 발생하지 않는 예외상황을 많이 찾아내어 긍정적인 변화를 증가시킨다.

여섯째, 현재에 초점을 맞추며 미래 지향적이다. 과거와 문제의 발달 배경에 관심을 두기보다는 현재 내담자가 희망하는 미래의 상황을 구축하는 데 초점을 둔다.

일곱째, 내담자와의 협력관계를 중요시한다. 치료자와 내담자가 함께 목표를 설정하고 해결방안을 계획한다.

해결중심 치료의 철학은 문제가 없으면 손을 대지 않고, 효과가 있는 것은 계속해서 하며, 효과가 없으면 다른 방법을 사용한다.

2. 해결중심 치료의 상담 구조

상담과정은 첫 회 면담과 그 이후의 면담으로 대별된다.

〈첫 회 면담과정〉

1단계: 라포 형성 및 치료자 – 내담자관계의 사정

상담실에서의 치료자–내담자관계를 방문형, 불평형, 고객형, 잠재적 고객형으로 사정하는데 이는 치료과정 진행과 과제 부여에 도움이 되기 때문이다.

방문형은 비자발적 내담자 유형으로, 내담자는 자기 문제에 대한 인식이 약하며 문제해결에 대한 동기도 희박하다. 불평형은 '문제' 는 자신에게 있는 것이 아니라 다른 사람에게 있다고 생각한다. 대화 속에서 해결의 필요성에 대해서는 상세하게 설명하나 자신을 문제해결의 일부로 보지 않는다. 고객형은 자신을 문제해결의 일부로 생각하며 문제해결을 위해 무엇인가 할 의지를 보인다. 잠재적 고객형은 위 유형들의 일면을 보이는 내담자로, 치료과정을 통해 고객형으로 바뀔 수 있다.

2단계: 목표설정의 원칙

목표설정을 잘 하는 것은 상담을 효과적으로 진행하며 단기에 종결하는 데 매우 중요하다. 목표는

첫째, 내담자에게 중요한 것이어야 한다.

둘째, 작은 것으로 잡는다.

셋째, 구체적이고 명확하며 행동으로 볼 수 있어야 한다.

넷째, 없는 것보다는 있는 것에 초점을 둔다.

다섯째, 문제를 없애기보다는 원하는 것을 시작하게 한다.

여섯째, 내담자의 생활에서 현실적으로 성취 가능한 것으로 한다.

일곱째, 목표수행은 힘든 일이라고 인식시킨다.

3단계: 해결지향적 질문

내담자와 함께 설정한 목표를 성취하기 위해 사용하는 질문들은 다음과 같다.

(1) 첫 상담 이전의 변화에 대한 질문

내담자가 면담을 약속한 후 상담소에 오기까지 변화한 것에 대해 알아보는 것은 문제해결에 매우 중요한 단서를 제공해 줄 수 있다. 면담 전 변화가 있다고 하는 경우, 내담자가 이미 보여 준 해결 능력을 인정하고 칭찬하며 확대할 수 있도록 격려한다.

예: (우리의 경험에 의하면) 처음 상담을 약속했을 때와 오늘 상담을 받으러 오기 전까지 상황이 좀 나아진 사람들이 많았는데, 혹시 그런 일이 있으셨습니까?

(2) 예외 질문

예외란 내담자가 문제로 생각하고 있는 행동이 일어나지 않는 상황이나 행동을 의미한다. 어떠한 문제에도 예외는 있다는 것이 해결중심 치료의 기본 전제이므로, 내담자가 우연히 성공한 것이라도 찾아내어 이를 의도적으로 계속 해 보도록 격려한다. 예외 질문은 첫 면접에서 대체로 목표설정 후에 사용하고 두 번째 면담부터는 '무엇이 더 좋아졌습니까?' 라고 물어본다.

예: 최근 문제가 일어나지 않은 때는 언제였습니까?

문제가 해결되었다면 그것을 어떻게 알 수 있겠습니까?

(3) 기적 질문

기적 질문은 문제 자체를 제거하거나 감소시키기보다는 문제와 떨어져서 해결책을 상상하게 하는 것이다. 이 질문을 통해 치료자는 내담자가 바꾸고 싶어 하는 것을 스스로 설명하게 하여 문제에 대한 집착으로부터 벗어나 해결중심 영역으로 들어가게 한다.

예: "이제 좀 이상한 (또는 다른) 질문을 하고자 합니다. 오늘 상담 후에 여러 가지 일을 보시고 집으로 돌아가서 밤에 잠을 주무시겠죠. 주무시는 동안 기적이 일어나 당신을 여기 오게 한 문제들이 극적으로 해결되었습니다. 그러나 당신은 잠을 자고 있어서 기적이 일어난 것을 모르지요. 그런데 아침에 일어나 보니 지난밤 기적이 일어나 모든 문제가 해결되었다는것을 알았어요. 당신은 처음에 무엇을 보면 기적이 일어났다는 것을 알 수 있을까요?"

(4) 척도 질문

척도 질문은 내담자에게 자신의 문제, 문제의 우선순위, 성공에 대한 태도, 정서적 친밀도, 자아존중감, 치료에 대한 확신, 변화를 위해 투자할 수 있는 노력, 진행에 관한 평가 등의 수준을 수치로 표현하는 방법이다. 척도 질문을 통해서 치료자는 내담자의 문제해결에 대한 태도를 보다 정확하게 알 수 있으며, 내담자의 변화과정을 격려하고 강화해 주는 구체적인 정보를 얻을 수도 있다. 첫 면담에서는 첫 상담 이전의 변화에 관한 내용이나 동기에 대한 파악을 한다.

예: 1부터 10까지 있는 척도에서 1을 최악의 상태라 하고, 10은

문제가 다 해결되었을 때라고 말한다면, 지금의 상태는 몇 점이라고 할 수 있습니까? 몇 점이 되면 만족하겠습니까?

(5) 대처 질문

대처 질문은 자신의 미래를 매우 절망적으로 보아 아무런 희망이 없다고 하는 내담자에게 주로 사용한다. 대처방안에 관한 질문을 통해서 치료자는 내담자의 신념 체계와 무력감에 대항하면서 동시에 내담자에게 약간의 성공을 느끼도록 유도할 수 있다. 이러한 질문을 통해 치료자는 내담자 자신이 바로 대처방안의 기술을 가졌음을 깨닫게 한다.

예: 어떻게 모든 것을 포기하지 않고 지탱해 왔을까요?
어떻게 해서 상황이 더 나빠지지 않았습니까?

(6) 관계성 질문

관계성 질문은 내담자와 중요한 관계에 있는 사람들에 대한 질문이다. 사람이 자신의 희망, 힘, 한계, 가능성 등을 지각하는 방식은 자신에게 중요한 타인이 자신을 어떻게 보고 있을까라는 생각과 밀접한 관계가 있다. 때때로 내담자는 문제가 해결되었을 때 자신의 생활에서 무엇이 달라질 것인지에 대해서는 전혀 예측하지 못하는 경우가 있다. 그러나 내담자가 자신을 자기 입장에서가 아닌 중요한 타인의 눈으로 보게 되면, 이전에는 없었던 가능성을 만들어 낼 수도 있다.

예: 선생님의 어머니가 여기 계신다고 가정하고, 제가 어머니께 선생님의 문제가 해결되면 무엇이 달라지겠냐고 묻는다면 어머니는 뭐라고 말씀하실까요?

(7) 악몽 질문

악몽 질문은 기적 질문과 유사하나 해결중심 치료에서는 유일하게 부정적이며 문제중심적인 질문이다. 목표설정을 위하여 면담 전 변화에 대한 질문, 예외 질문, 기적 질문 등이 효과가 없을 때 이 질문을 사용할 수 있다. 내담자는 자신에게 더 나쁜 일이 일어나야만 무엇인가를 하려 하거나 문제에서 벗어날 수 있을 것으로 치료자가 믿을 때, 이 질문을 사용한다.

예: "오늘 밤 잠자리에 들었다고 가정해 봅시다. 한밤중에 악몽을 꾸었어요. 오늘 여기에 가져온 모든 문제들이 갑자기 더 많이 나빠진 거예요. 이것이 바로 악몽이겠죠. 그런데 이 악몽이 정말로 온 거예요. 내일 아침에 무엇을 보면 악몽 같은 인생을 살고 있다는 것을 알겠습니까?"

(8) 간접적인 칭찬 : "어떻게 그렇게 할 수 있었습니까?"

내담자의 어떤 측면에 대해 긍정적임을 암시하는 질문이다. 간접적인 칭찬은 내담자가 자신의 강점이나 자원을 스스로 발견하도록 하므로 직접적인 칭찬보다 더 바람직하다.

예: "어떻게 집안을 그토록 조용하게 유지할 수 있었어요?"
"아이들을 제마다 특별한 아이들로 대하는 것이 중요하다는 것을 어떻게 아셨습니까?"

(9) "그 외에 또 무엇이 있습니까?"

예외를 더 발견하고, 장점, 자원, 성공적 경험 등 긍정적인 측면을 더 이끌어 내는 질문이다.

예: 뭐가 더 있을까요? 더 좋은 생각이 없을까요?
이전에 말한 것과 연결시켜 또 다른 게 있을까요?

4단계: 메시지 작성과 전달

메시지는 칭찬(compliment)과 연결문(bridge) 및 과제(task)로 되어 있다. 칭찬은 내담자의 자원과 장점, 내담자가 미처 인식하지 못한 성공적 경험 등을 확인해 줌으로써 내담자가 목표를 성취하는 데 자신감과 힘을 준다. 연결문은 과제나 제안의 당위성이나 배경을 설명한다. 과제는 내담자-치료자 간의 관계유형에 따라 결정하는데, 고객형은 행동 과제, 불평형은 관찰 또는 생각 과제를 제시하고, 방문형은 내담자가 처한 상황 속에서 자신에게 도움이 되게 행동하는 것에 대해 칭찬하고 다음 상담에 오도록 초대한다.

〈도식으로 정리한 첫 회 면담과정〉

1. 이 상담에서 해결되기 원하는 **목표**를 확인한다(여기 오신 목적이 무엇인가요?).

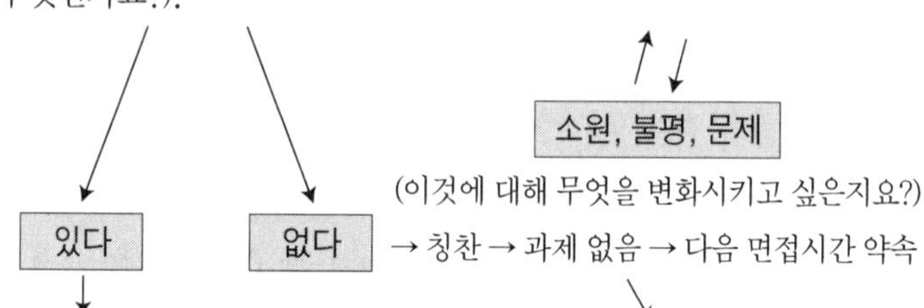

소원, 불평, 문제
(이것에 대해 무엇을 변화시키고 싶은지요?)
있다
없다
→ 칭찬 → 과제 없음 → 다음 면접시간 약속

2. 문제가 없는 **예외상황**을 발견한다(언제 문제가 일어나지 않는가요?).

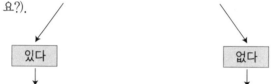

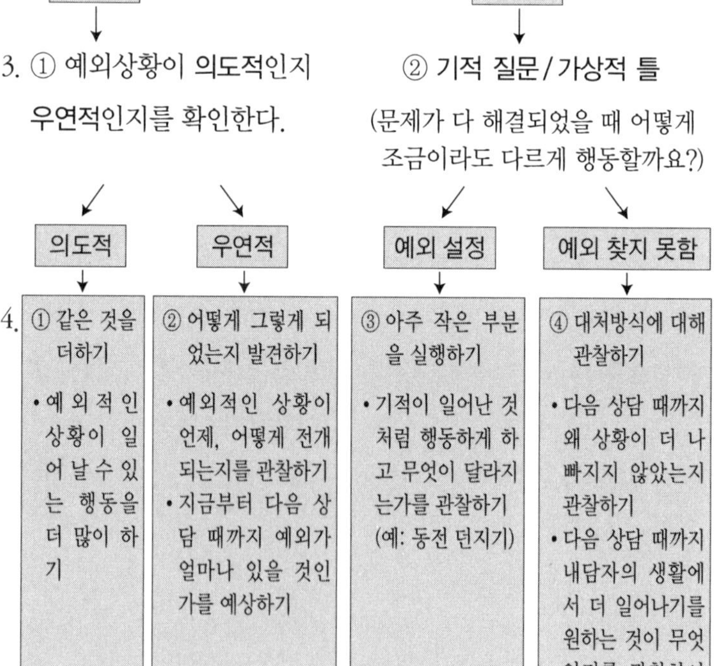

있다
없다

3. ① 예외상황이 의도적인지 우연적인지를 확인한다.
② 기적 질문/가상적 틀
(문제가 다 해결되었을 때 어떻게 조금이라도 다르게 행동할까요?)
의도적
우연적
예외 설정
예외 찾지 못함
4. ① 같은 것을 더하기
• 예외적인 상황이 일어날 수 있는 행동을 더 많이 하기
② 어떻게 그렇게 되었는지 발견하기
• 예외적인 상황이 언제, 어떻게 전개되는지를 관찰하기
• 지금부터 다음 상담 때까지 예외가 얼마나 있을 것인가를 예상하기
③ 아주 작은 부분을 실행하기
• 기적이 일어난 것처럼 행동하게 하고 무엇이 달라지는가를 관찰하기 (예: 동전 던지기)
④ 대처방식에 대해 관찰하기
• 다음 상담 때까지 왜 상황이 더 나빠지지 않았는지 관찰하기
• 다음 상담 때까지 내담자의 생활에서 더 일어나기를 원하는 것이 무엇인지를 관찰하여 보고하기

(첫 회 이후 면담과정: EARS)

2회 상담부터는 첫 상담 이후에 조금이라도 나아지거나 변화된 점에 초점을 둔다. 구체적으로 무엇이 나아졌는지를 이끌어 내고(Elicit: E), 나아진 것을 확장시키며(Amplify: A), 이를 강화하면서(Reinforce: R), 또다시 나아진 다른 것에 관하여 묻는다(Start Again: S). 변화가 없다고 한다면 작은 변화라도 찾아보게 함으로써 변화의 파급 효과를 기대한다. 구체적으로 다음과 같은 질문을 사용할 수 있다.

(1) 이끌어 내기(Elicit): 지난번 치료 이후에 변화한 것들에 대해서 질문한다.

- 지난번 치료 이후 아주 작은 점이라도 나아진 것은 무엇인가요?
- 배우자나 당신 가족은 당신에게서 무엇이 좋아졌다고 말할까요?

(2) 확장(Amplify): 긍정적인 변화에 대해 자세하고 구체적으로 질문한다.

- 언제: 변화가 언제 발생했나요? 또 다른 것은?
- 누가: 누가 변화한 것을 알았나요? 그 사람들은 어떻게 다르게 반응했으며 당신은 어떻게 말했나요?
- 어디서: 학교, 직장, 집에서 어떻게 다르게 행동했나요?
- 어떻게: 어떻게 그렇게 하였나요? 그렇게 하면 된다는 것을 어떻게 알았나요? 그렇게 한 것이 어떻게 도움이 되었나요? 어떻게 도움이 되었는지를 설명할 수 있습니까?

(3) 강화(Reinforce): 내담자가 긍정적으로 변화한 것에 대해 언어적, 비언어적으로 인정해 주며 그 가치를 확인하고 칭찬한다.

- 비언어적: 몸을 앞으로 숙이고, 눈을 치켜 뜨고, 펜을 집어들고, 기록하고, 놀라는 표정을 짓는다.
- 확인: 이야기를 중단하고 "다시 말해 줄래요?" "무엇을 했다구요?" "실시한 것에 대해 무엇이라고 했죠?"식으로 다시 확인하는 질문을 한다.
- 칭찬: 긍정적인 변화를 칭찬한다.

(4) 다시 시작하며 질문을 한다(Start Again).

좋아진 것에 관해 다시 질문한다. 확신, 동기, 과정, 희망 등을 질문하여 이들이 얼마나 실현 가능한지 척도를 사용하여 파악한다. 내담자가 긍정적인 변화에 대해 충분하게 말했다고 판단될 때까지 "또 좋아진 것이 없을까요?"라고 계속 질문한다.

(5) 내담자의 상태가 개선되다가 악화되는 경우가 있다.

- 나빠진 상황을 구체적으로 파악하고 대처방법에 관하여 질문하며 작은 해결책을 찾는다.
- 호전될 시간을 주기 위해 치료간격을 늘리거나 면접요일이나 시간을 바꾼다.
- 내담자와의 관계 유형과 치료 목표를 재검토하고 고객형 관계로 발전시킨다.
- 대처 질문과 예외 질문을 한다.

말이 없는 청소년

1. 사례 개요

본 사례연구 목적은 말이 없는 청소년의 문제에 대한 해결중심 치료 접근법의 전제 가치와 가정의 적용, 질문기법 사용, 변화과정, 결과평가, 한국사례에 적용 등을 분석하는 데 있다. 전체적인 진행과정에서 사례연구의 목적이 성취된 것과 성취되지 못한 것을 발견함으로써 더욱 성장하기 바란다.

본 사례의 내담자는 또래친구와의 관계가 좋지 못하고 우울증, 무단결석, 도벽 등의 문제로 신경정신과에서 치료를 받은 경험이 있다. 정신과 의사가 가족치료를 받을 것을 추천하여 의뢰된 사례다. 본 사례는 그 이후 가족치료를 2회 실시하였고, 참여자는 내담자와 어머니였다.

1) 의뢰과정

대학부속 종합병원 신경정신과에서 의뢰되었다.

2) 가족사항

내담자: 지민(가명), 여자 14세, 중학교 1학년

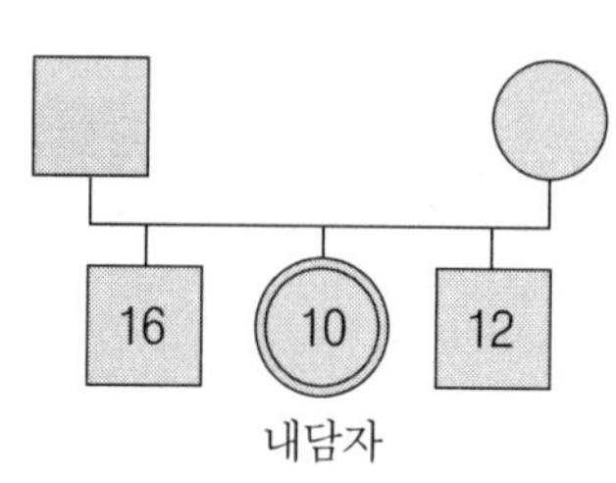

부부관계에는 특별한 어려움이 없으며, 어머니는 적극적이며 책임감이 강하다. 어머니는 자녀들의 모든 것을 자신이 판단해서 처리하는 방법으로 양육하고 있다. 두 살 위인 오빠는 자신의 일을 잘 처리하므로 문제될 것이 없으며, 동생은 모든 일에 적극적이다.

3) 제시된 문제

도벽이 있고, 학습에 관심이 없으며, 성적이 부진하다.
친구가 없고, 학교생활에 잘 적응하지 못하며, 우울상태에 있다.

4) 병원의 검사결과

〈병원의 검사결과 내용을 요약한 것임〉

복통, 두통 등의 신체증상과 빈약한 또래관계 때문에 내원한 환아는 정신과적 진단 및 치료의 일환으로 종합심리평가를 받았다.

아동용 지능검사 결과 경계선 수준에 속하고, 지적 잠재력은 평

균 이하 수준이었다. 언어기능은 보통이나 동작기능이 경계선 수준이다. 전반적으로 지적능력 발달이 부족하고, 특히 언어적인 논리적 표현력과 언어적 유창성 등의 발달이 환아의 생활연령에 비해 매우 부진하고, 타인과의 원활한 언어적 의사소통에 제한이 있다. 성격적인 면에서 매우 소심하고 자신감이 부족하며, 타인의 반응에 민감하고, 타인과의 관계에서 쉽게 위축되고 불편감을 느끼며, 오랫동안 우울감을 경험해 온 것으로 보인다. 성격적 특성으로 인해 또래친구들과의 관계 형성 및 유지에 어려움이 많고 정서적으로 오랫동안 좌절감, 외로움, 고립감 등을 느껴 온 것 같다. 환아는 이러한 자신의 현재 상태를 무단결석이나 등교거부, 도벽, 여러 신체증상 등을 통해 표현하는 것으로 보이고, 이차적인 우울상태에 있는 것으로 생각된다.

2. 사례분석 방법

사례분석 방법은 대화체를 사실대로 기술함으로써 가족치료의 전체적인 진행을 관찰, 분석할 수 있도록 하였다. 해결중심 단기가족치료의 기본 가치와 원칙, 전략과 기법의 적용과 효과에 관하여 "치료자의 의견"에서 지적하였고, 접근 전략과 기법을 파악할 수 있도록 설명하였다. 그리고 전체적인 진행을 변화 중심으로 구분하여 소제목을 붙이고, 중요하다고 생각하는 부분을 진하게 기록함으로써 가족치료 진행과정을 파악하는 데 도움이 되도록 하였다.

3. 치료과정

제1회 친구들로부터 충격 받은 지민이

◈ 참석자 : 어머니, 지민

가족치료를 시작하기 전에 가족치료 진행방법, 관찰실에서의 치료팀 관찰과 인터폰으로 개입, 치료자에 관한 소개를 하고 시작하였다.

1. 목표설정: 돈 관리와 친구관계

치료자 : 어머니는 상담을 받은 뒤 무엇이 변화되기를 기대하시는지요?

어머니 : 큰 변화를 바라지는 않아요.

치료자 : 그러면 원하는 작은 변화는 무엇인지요?

어머니 : 지민이가 학교에서 친구들과 잘 어울리지 못하고, 요사이는 방학 중이지만 … 말도 안 하고, 물어보면 울고, 걱정이 많이 되어서 … 자기는 친구를 좋아하는데 친구들이 잘 대해 주지 않으니까 속이 상하지요.

치료자 : 그러면 염려하시는 것들이 어떻게 변화하면 가족치료가 도움이 되었다고 생각하시겠어요?

어머니 : 우선 지갑에서 돈 가져가지 말고, 친구들하고 잘 어울리고, 그런 거죠 뭐. 좋아지고 있어요.

치료자 : 네. 그렇군요. 지민아 너도 엄마가 말씀하시는 것과 같으니?

지민이 : (아주 작게) 네.

"어머니가 좋아지고 있다"고 반응한 것에 관하여 질문하므로 제1회 가족 치료 이전의 변화에 관하여 질문을 할 수도 있었다.

2. 잠재력 발견과 인정: 책 읽는 것을 좋아해요

치료자 : 지민이는 학교에서 어느 학과목을 좋아하니?

지민이 : (아주 작은 목소리로) 국어요.

치료자 : 국어? 책 읽는 것을 좋아하니?

지민이 : 네. 책 읽는 것 좋아요.

어머니 : 어려서부터 책을 많이 읽었어요. 책을 사 주면 하루이틀 사이에 다 읽어요. 그런데 애들하고 어울리지를 못하고, 돈을 주면 하루이틀 사이에 다 쓰고, 엄마 몰래 돈을 가져가고 그래요. 그리고 학교에도 가기 싫다고 하고 … 친구들하고 어울리지 못하니까 속상한가 봐요.

치료자 : 네. 그렇군요. 속상하겠네요.

어머니 : 애가 방학하기 전까지는 친구들 얘기만 하면 울었어요.

치료자 : 속상했던 일이 있었구나!

어머니 : 그동안 친구들하고 잘 지내고 애들한테 과자도 사다주고 지금까지 그렇게 해 왔는데, 지난 9월에 애가 좀 약해서 체육시간에 뛰지 않고 그냥 구경을 했는데 ….

치료자 : 지민이는 어려서부터 책 읽는 것을 좋아했다고? 어떤 종류의 책을 좋아하지?

지민이 : 동화책이요.

치료자 : 동화책을 읽으면 기분이 어떤가?

지민이 : 마음이 편해요.

치료자 : 그렇구나. 지민이는 책 읽는 재미를 아는구나.
〈인터폰으로 호출〉

치료자는 문제 중심으로 진행하는 것을 우려하여 긍정적인 측면, 즉 '책 읽는 것'을 중심으로 잠재력 발견을 먼저 다루려고 하였다. 그러나 관찰실에서 모니터를 통하여 관찰하고 있던 동료들은 치료자에게 인터폰으로 호출하여 지민이가 친구이야기만 하면 운다고 하는 사건을 다루고자 하여 즉시 방향을 바꾸었다.

3. 문제해결 경험: 충격적 사건과 어머니의 적극적인 대응

치료자 : 지민이는 친구들하고 관련된 얘기를 하면 운다고 했는데 무슨 속상한 일이 있었는지 이야기 좀 해 줄 수 있어요?

어머니 : 네가 말해 봐.

지민이 : (고개를 숙이고 말이 없다.)

치료자 : 아주 마음 상했던 일이 있는 것 같은데 누가 얘기할까요?

어머니 : 엄마가 할게. 애들 셋이서 친하게 지냈는데 미혜라는 애를 굉장히 좋아했어요. 윤희라는 애는 그냥 같이 있으니까 친하게 지냈고 어떤 때는 예진이라는 애도 같이 지냈어요.

치료자 : 그랬군요.

어머니 : 예진이가 끼어서 같이 놀았는데 그 애가 끼다 보니까 서먹서먹해서 갈라졌어요. 그런데 누가 그랬는지는 모르지만 지민이를 화장실에 데려다 놓고 너랑은 친구를 안 하겠다고 했대요. 셋이서.

치료자 : 저런, 셋이 다 같이?

어머니 : 셋이 입을 모아 수업이 끝나면 화장실로 오라고 해서 갔더

니 셋이서 너랑은 친구를 안 하겠다. 네가 용기가 없고 자신감이 없다. 그래서 네가 자신감이 생길 때까지 친구를 안 해 주겠다고 했다는 거예요.

치료자 : 충격적이었겠네요. 그것이 언제였죠?

어머니 : 네. 그게 지난 10월 초쯤이었어요.

치료자 : 그랬구나.

어머니 : 그리고 얘가 학교엘 안 간 거예요.

치료자 : 그때 마음이 굉장히 상했구나. 그때 엄마는 어떻게 알았어요?

어머니 : 일기장을 보고 알았어요.

치료자 : 아유, 얼마나 마음이 상했으면 … 그래서 그 다음에는 어떻게 지냈어요?

어머니 : 걔가 너무 속상해 하더라구요. 학교도 빠지고 ….

치료자 : 그러게 말이에요. 얼마나 속이 상했으면 ….

어머니 : 저는 애가 친구를 잘 사귀지 못하니까 지가 한 걸음 한 걸음 터득하면서 사귀라고 개입을 안 했어요. 제가 개입을 안 하고 애는 계속 학교를 가지 않으니까 제가 어떻게 할 수가 없더라구요. 제가 부모님들한테 전화를 했어요. 제 딸아이가 이렇게 말 한마디에 상처를 입고 학교에도 가지 않는 상태다. 부모님들이 협조를 해달라고 이야기했지요.

치료자 : 어머니가 그렇게 하셨군요. 아주 적극적으로 대처하셨군요.

가족치료 과정에서 지민에게 충격을 준 사건 자체에 관심을 두기보다는 어머니가 대처한 방법을 통하여 성공적인 경험들을 발견하는 데 초점을 두었다. 해결중심 가족치료에서는 문제를 진단하고 원인을 규명하는 것보다는 성공적인 경험을 근거로 해결방안을 구축하는 것이 더욱 효율적이라고 보기 때문이다.

4. 해결방안 구축: 친구입장을 이해

어머니 : 그래서 미혜, 윤희, 예진에게 오라고 했더니 다 왔더라구요. 그래서 제가 왜 지민이한테 그랬느냐 했더니 자기들도 지민이가 참 착하고 좋은데, 자기네들은 거의 한 학기 동안 지켜 봤는데 자기주장을 전혀 못하니까 자기들도 답답해서 충고를 해 주자고 그랬대요.

치료자 : 자기네들 의도가 따로 있었군요.

어머니 : 그래서 그랬다고 해요. 자기네들이 그러고 나서 지민이가 학교에 안 와서 미안하게 생각했다고 얘기를 하더라구요. 지민이는 자기네들한테 하고 싶은 말 싫은 소리를 한 번도 안 한다고 해요. 집에 와서는 어떤 친구가 어떤 면이 안 좋다고 얘기를 하는데 학교에서는 친구들한테 전혀 그런 얘기를 못하거든요. 친구들은 마음속의 진정한 얘기를 한 번도 못 들으니까 "네가 좋으면 좋다. 싫으면 싫다 그런 얘기를 해 달라"고 했대요. 똑똑하더라구요. 친구들이. 얘가 그러니까 그 자리에서 친구들이 그런 얘기를 하라고 하니까 안 하고 울기만 하는 거예요. 그래서 제가 그랬죠. 친구들한테. 친구의 단점을 직접적으로 그렇게 얘기를 하면은 마음에 상처를 받는 거다. 그러니까 ….

치료자 : 네. 어머니가 지민이 대신 그렇게 설명해 주셨군요.

어머니 : 엄마하고 지민이는 집에서 무척 애를 쓰고 있으니까 한 번

에 지민이가 변하는 것을 원하지는 마라. 그러면 지민이가 무척 부담스러워하니까.

치료자 : 그렇죠. 지민이는 혼자서 고민을 많이 했겠죠.

어머니 : 앞으로는 잘 지내라고.

치료자 : 그러셨군요. 아유 어머니가 어떻게 그렇게 만나서 설명할 생각을 하셨어요?

어머니 : 그래도 너희들이 지민이를 친구로 생각해 주고 너희들은 마음가짐이 좋은 친구들이다. 그래서 고맙게 생각하니까 앞으로 잘 지내라 그랬어요. 잘 지낸다고 했거든요. 근데 얘가 제일 좋아하는 미혜는 안 왔어요.

치료자 : 아, 그랬구나.

어머니 : 근데 미혜 엄마는 제가 전화를 하니까 미혜에게 너 왜 지민이한테 어떤 말을 해 가지고 지민이가 학교를 안 나오게 했느냐 그랬더니 엄마한테 막 울면서 지민이 때문에 너무 스트레스가 쌓인다고 하면서 자기는 다른 친구를 사귀고 싶은데 지민이는 자기를 붙들어 매니까 피곤하다고 ….

치료자 : 지민이가 상당히 미혜를 좋아했구나! 미혜도 지민이에 대해서 신경을 많이 썼구나!

어머니 : 그 애 엄마가 골고루 친구를 사귈 수 있는 기회를 만들어 주라고 그러더라구요. 미안하다고 그랬죠. 자기 딸도 피곤하다고 하는데 ….

치료자 : 미혜와 친구들의 입장을 이해하게 되었군요.

어머니 : 그렇지요.

어머니가 사건에 관하여 지민이 대신 설명하는 동안 치료자는 이야기 내용을 명확하게 하거나 요약하고, 가치와 의미를 부여하며, 공식적으로 인정하는 것을 목적으로 반응하였다. 지민이가 말은 없었지만 집중하여 경청하고 있기 때문에 이러한 접근과정이 치료에 영향을 준다고 생각했다. 일반적으로 말이 없는 아동이나 청소년을 어머니가 데리고 오는 경우 이와 같이 주로 어머니와 치료자가 대화하는 것을 경청하도록 하며 진행하는 과정에서 변화가 이루어지고 점차로 직접 참여하게 되는 것을 발견한다.

5. 잠재력 발견과 인정: 개근상을 탔어요

치료자 : 얘! 지민아(계속 고개를 숙이고 있다), 여기 좀 봐봐. 긴 막대자 있잖아. 아유, 아직도 저렇게 눈물이 나는구나. 마음이 얼마나 상했으면. 어머니가 보시기에 말이에요. 얘가 친구 때문에 상처받고 제일 힘들어했을 때를 1점으로 보고 얘가 친구도 잘 사귀고 마음도 편한 상태를 10점으로 볼 때 지금 상태가 어느 정도 될 것 같으세요?

어머니 : 한 3점 정도.

치료자 : 그러면 1점을 아주 최악의 상태라고 할 때 지금하고는 뭐가 다른 것 같으세요.

어머니 : 그냥 인사하고 지내고.

치료자 : 누구하고?

어머니 : 친구들하고 인사하고 지낸다고.

치료자 : 어머니가 보시기에 1에서 10점 사이에 몇 정도로 가면 그런대로 괜찮다고 말씀하실 수 있으실까요?

어머니 : 한 5점 이상은 되어야 할 것 같아요.

치료자 : 어머니가 보시기에 1에서 10점 사이에서 지민이가 친구와 잘 지내려는 노력을 어느 정도 할 것 같아요?

어머니 : 노력은 정말 많이 해요.

치료자 : 예. 8점 이상이요?

어머니 : 예. 근데 방법에서 문제지.

치료자 : 아, 그렇구나. 방법에서 문제지 상당히 노력은 하는구나!

어머니 : 어렸을 때부터 사람을 그리워하고 아이들을 좋아하는데 이상하게 못 사귀어요.

치료자 : 네. 그렇군요. 그러면 어머니는 지민이가 노력을 하고 여러 가지 방법을 시도해서 터득하면 지민이가 성공할 가능성을 어느 정도로 보세요?

어머니 : 가능성은 한 6점 정도. 많이 좋아졌어요.

치료자 : 아, 그러세요. 어떻게 해서 좋아진 거 같아요?

어머니 : 예능학교라는 게 있더라구요. 자기소개도 하고 연극, 무용도 하는 … 6개월 다녔어요. 방학 때부터.

치료자 : 어떻게 도움이 됐어요?

어머니 : 자기표현도 하고 ….

치료자 : 본인도 노력을 많이 하지만 어머니도 노력을 상당히 하셨네요.

어머니 : 제가 정신과 다닐 때부터 선생님에게 그런 모임에 관해 이야기했더니 그런 모임이 도움이 될 것이라고 찾아보라고 하시더라구요.

치료자 : 그러셨구나.

어머니 : 다행히 제가 그런 데를 알아가지고 ….

치료자 : 지민이는 예능학교에 엄마가 가라고 하면은 꼬박꼬박 다니나 봐요.

어머니 : 혼자서 다니는데요. 30명 중에서 개근상이 두 명 나왔는데

애가 두 명 중 한 명이에요.

치료자 : 그래요?

어머니 : 자기가 좋아하는 데는 그렇게 잘 가요.

치료자 : 그렇구나!

어머니 : 거기 가는 것은 그렇게 재미있어 해요.

치료자 : 그렇구나!

어머니 : 그 집단이 주로 초등학교 애들이거든요. 동생들이니까 굉장히 귀여워해 줘요. 자기 또래 집단에서는 자기가 이렇게 다루지를 못하는데 동생들은 좋아하고 따르고 하니까 …

치료자 : 애들도 따르고 … 좋은 경험을 했네요. 어떻게 네가 그렇게 잘할 수 있었지? 6개월 동안 개근을 하고 어떻게 그렇게 잘할 수 있었니?

어머니 : 선생님이 애를 인정해 주시더라구요.

치료자 : 아, 인정. 인정받는 것이 중요하지요.

어머니가 "많이 좋아졌어요"라고 말하는 관찰내용에 반응을 함으로써 최근의 변화에 관해 긍정적인 측면을 좀 더 다룰 수 있었다. 이것은 일반적으로 내담자가 문제중심적인 염려와 관심 측면에 편중되어 있는 상태에서 점차적으로 잠재능력과 긍정적인 측면에 관심이 증가하도록 이끄는 접근이다.

6. 강점의 발견과 인정: 지민이는 글을 잘 써요!

치료자 : 지민이가 인정을 받은 것은 무엇이었나요?

어머니 : 글 같은 걸 잘 쓰거든요.

치료자 : 글을 잘 써요? 아까 책 읽는 것을 좋아한다고 했는데 또 쓰는 것도 좋아해요?

어머니 : 연극 같은 것도 자기가 대본을 다 써 가지고 가면 선생님이 놀라고, 지민이가 이렇게 좋은 생각을 가지고 있다고 … .

치료자 : 아, 그렇구나! 지민이가 그러니까 그쪽으로 재주가 많네요. 또 재능이나 장점과 강점이 될 만한 것을 좀 더 말씀해 주시면 좋겠어요. 처음에 말씀드린 바와 같이 옆의 방에서 모니터를 통하여 여러 선생님들이 관찰하고 계신데 잠시 후에 선생님들하고 함께 상담한 내용을 근거로 의논하고 와서 메시지를 전해 드리겠습니다.

어머니 : 지민이는 동화를 좋아해요.

치료자 : 동화? 아, 예.

지민이 : (고개를 들고 여기저기를 쳐다보고 선생님을 본다.)

치료자 : 그래요. 그렇구나. 선생님한테 또 말해 주고 싶은 게 있니? 없어? 그래, 그럼 좀 기다려 줄래? 의논하고 올게요.

지민이의 충격적 사건도 다루었지만 표면상의 문제를 직접 다루기보다는 지민이의 긍정적인 측면, 즉 잠재력과 강점, 최근의 변화를 일관성 있게 다루려고 노력하였다. 이것은 지민이가 변화를 시도하기 위한 자기존중감의 회복이 먼저 이루어져야 하기 때문이다.

메시지

선생님들이 열심히 관찰하시고 생각들을 많이 했어요. 지민이가 친구관계가 얼마나 소중한지를 아주 깊이 생각하고 또 소중함을 잘 알고 있다고 봅니다. 어머니하고 지민이가 도움을 받으려고 노력을 많이 한 것을 알 수 있고, 어머니는 상당히 적극적으로 여기

저기 알아보고, 친구들 어머니도 만나고 지민이도 여기에 데리고 온 것으로 볼 때 지민이와 함께 매우 적극적으로 노력한 것을 알 수 있습니다. 예능학교에도 6개월 동안 잘 다녀서 개근상까지 탄 것은 쉬운 일이 아닙니다.

다시 말하면 지민이는 여기 와서 말로 표현한 것은 적었지만 조용히 집중하여 선생님과 어머니가 말하는 것을 들었어요. 어머니 말씀을 통하여 지민이가 정말 말은 적지만 변화하고자 하는 의지와 뭔가 좀 변화하고 성장하고자 하는 욕구가 상당히 강한 것을 발견했어요. 겉으로 보기에는 조용하고 차분하고 말이 적은 것 같지만 내적으로는 상당히 사려가 깊고 신중하고 강한 의지가 있다고 봅니다. 그리고 예능학교에서 개근상을 타고 아이들도 잘 보살펴 준 것은 자기 일에 대한 책임감이 강하고 애들을 잘 보살필 수 있는 능력이 있는 것을 보여 준 것입니다.

지민이가 문제를 해결하려고 여러 가지 노력한 것을 볼 때 의지가 강하고, 사려가 깊고 신중하며, 책임감이 강하고, 성실한 잠재력이 있는 것을 볼 수 있습니다. 그러나 친구들은 아직 어리니까 지민이의 잠재능력을 파악하는 것이 힘들고 오해하기 쉬운 것이 있지요. 그러나 전문가 선생님들이 볼 때에는 지민이가 그렇게 소극적이고 박력이 없는 것 같지는 않아요. 애들은 상황에 따라 말을 많이 하는 애가 있고, 지민이 같이 조용하게 책을 읽고 글을 쓴다거나 생각을 많이 하고 애들을 돌보는 능력이 있으며, 말이 아닌 다른 방법으로 표현하는 애들도 있습니다.

제가 보기에는 지민이가 자기 문제를 해결하려는 의지가 강하고 적극적으로 노력을 많이 해 왔기 때문에 앞으로는 새로운 방법으로 계속해서 노력을 할 것이라고 생각하며 희망적으로 봅니다. 그래서 오늘 과제를 주려고 합니다.

지민이는 생각이 깊고, 의지와 책임감이 강하며 글도 잘 쓰는 잠재력과 강점을 가지고 있기 때문에 다른 아이들에게 알려 주고 보여 줄 수 있는 방법을 생각해 오셨으면 합니다. (이것은 자존심이 없는 것이 아니고 표현방법이 다르다고 하는 것을 주변 사람들에게 알리는 방법을 생각하는 것이다.)

어머니는 지민이가 자기 잠재력을 표현하도록 도와주는 방법을 생각해 오시고 지민이가 표현할 때 이를 잘 관찰해 오시기 바랍니다.

개입메시지를 전달할 때 지민이는 집중하여 경청하였으며, 가족치료상황에서보다는 긴장이 풀린 듯 치료자와 어머니를 쳐다보기도 하고 상담실의 여기저기를 둘러보기도 하였다.

치료자의 의견

1. 어머니는 지민이의 문제를 해결하기 위하여 이미 성공적으로 대응하여 왔고, 지민이 역시 말로 표현은 하지 않았지만 자신의 문제를 해결하기 위하여 적극적으로 노력하여 온 것에 관심을 두었으며, 이러한 것들을 확인하고 인정하는 전략을 사용하였다. 그리고 제1회 가족치료 이전에 문제해결을 위해 노력한 것과 이미 변화한 것을 근거로 문제해결 잠재력을 확인하고 인정하는 접근을 하였다. 이러한 과정은 치료자와 내담자가 점차로 협조적인 관계로 발전하고, 가족치료에 대한 동기가 유발되고 발전하도록 돕는 접근법

이라고 할 수 있다. 그리고 이것은 문제중심의 의식구조를 잠재력과 강점에 관한 긍정적 측면에 관심을 두는 의식구조로 전환하도록 돕는 중요한 전략이다.

2. 초기에 문제에 대한 접근보다는 잠재력과 강점 발견에 초점을 두었다. 따라서 친구관계만 다루고 어머니 지갑에서 돈을 가져가는 문제는 거론하지 않았다. 그것은 가족치료 초기 관계형성에 장애가 되고, 지민이의 잠재력과 강점을 발견하고 문제해결 방안을 구축하는 데 도움이 되지 않기 때문이다.

3. 지민이가 좌절감과 열등감 등 낮은 자존감을 갖고 있기 때문에 친구관계 형성과 유지하는 능력을 발전시키기 위해서는 먼저 지민이의 장점과 강점을 계속 발견하고, 인정하고, 확인하고, 강화하고, 재구조화하고, 긍정적으로 해석하는 접근법을 반복적으로 사용하였다. 이러한 작업은 지민이가 자존감을 회복하고 성장하는 과정이라고 할 수 있으며, 결과적으로 자존감 회복은 문제를 해결할 수 있는 능력을 발휘할 수 있는 상태로 발전하는 데 기초가 된다. 그리고 중요한 것은 지민이가 말을 직접 하지는 않았지만 어머니의 이야기를 경청하고 동의함으로써 내적으로 많은 생각을 하며 치료에 참여하였다고 본다.

4. 개입메시지 전달의 목적은 지민이의 잠재능력을 부각시키고, 강점과 장점을 인식하여 강화함으로써 좀 더 발전적으로 자신의 자원을 사용할 수 있도록 하려는 것이었다. 과제에서 초점을 둔 것은 지금까지 문제해결을 위해 실시하여 온 방법이 적극적이고 바람직하기 때문에 계속하도록 하는

것이다. 그리고 과제의 목표는 지민이가 친구들과 다른 사람들이 쉽게 관찰할 수 있도록 의사 전달하는 방법을 발전시키도록 하는 것과 지민이의 작은 변화를 어머니가 인정하고 긍정적인 반응을 하도록 하는 것이었다.

제2회 아침이 왔으면 했어요

◈ 참석자 : 어머니, 지민

1. 작은 변화: 마음이 편해졌어요

(지민이와 어머니는 15분 전에 와서 기다렸다.)

치료자 : 지민아, 잘 지냈어? 지난 2주일 동안 지내시면서 어떤 것이 조금이라도 변화하였나요?

어머니 : 우리 2주 만에 왔는데요. 1주일은 구정 때문에 조카가 와 있었어요. 애들을 예뻐하니까 ….

치료자 : 네.

어머니 : 조카랑 놀고.

치료자 : 지민아 네가 돌봐 줬어?

지민이 : (고개를 끄덕임.)

치료자 : 애들을 좋아하는구나!

어머니 : 아기를 좋아해요.

치료자 : 그동안 조금이라도 좋아진 것이 있었을까? 어머니 보시기에는 어떠셨어요?

어머니 : 한 주는 조카랑 놀고, 기분 나쁜 일도 없었고 ….

치료자 : 네.

어머니 : 개학해서 학교 다니고, 별로 기분 나쁜 일 없었어요.

치료자 : 어머니가 관찰한 것에 관하여 듣고 싶어요. 2주 전하고 2주 후하고 비교해 볼 때 지민이에게서 조금이라도 어떤 변화가 있었나요?

어머니 : 일단은 제가 돈지갑에 신경을 쓰고요.

치료자 : 네.

어머니 : 엄마지갑에 손을 대는 만큼 용돈을 안 주었거든요. 돈 관계 때문에 애 머릿속에 나는 뭐가 먹고 싶은데 그런 생각이 항상 있었을 거예요. 그러니까 항상 애하고 저하고 신경전이 있었죠.

치료자 : 네.

어머니 : 얘는 엄마 동태를 살피고 ….

치료자 : 무엇이 좋아졌지요?

어머니 : 구정 때 세뱃돈이 많이 들어오잖아요. 작은 아버지가 조카를 봐 줬다고 용돈을 넉넉히 줬어요.

치료자 : 예.

어머니 : 그동안에 받은 걸 용돈 기입장에 기입하라고 그랬어요.

치료자 : 네.

어머니 : 1주일 사이에 지금 만 원을 썼대요. 그래서 너무 많이 쓰지 않았느냐 그랬더니 자기도 많이 쓴 것 같은데 필요한 데 썼다고 했어요.

치료자 : 네. 지민이가 자기 용돈을 신중하게 생각하고 아껴서 썼군요. 어머니는 돈에 신경을 안 쓰니까 무엇이 달라졌나요?

어머니 : 저요? 마음이 좀 편해졌어요.

치료자 : 또 어떤 변화가 있을까요?

어머니 : 이제 자기가 돈이 있으니까 내 지갑에 손을 대지 않아요. 자기 것이 딱 떨어지면 ….

2회이기 때문에 처음부터 조금이라도 변화한 것에 관하여 질문을 하였다. 이것은 지민이와 어머니가 어떠한 변화든 하였을 것이라는 신념을 가지고 접근하는 것이다. 무의식적으로 행동한 것이라도 변화를 발견하여 의미를 부여하고 인정하고 의식화함으로써 앞으로는 의식적으로 행동하도록 하는 전략이라고도 할 수 있다.

2. 변화를 인식하고 인정: 변화해도 달라진 건 없어요

치료자 : 지민이가 자기 돈을 아껴서 쓰고, 어머니가 지갑에 별로 신경을 안 쓰게 된 것이 어머니와 지민이 행동에 변화라고 할 수 있네요.

어머니 : 행동의 변화라기보다는 자기가 지금 쓸 만큼 돈이 있으니까 ….

치료자 : 어머니가 지민이를 대하실 때 그전하고 뭐가 좀 달라진 것 같으세요?

어머니 : 달라진 건 별로 없는 것 같아요.

〈인터폰으로 호출〉

치료자 : 선생님들이 이걸 한 번 물어봐 달라고 하시는데, 지민이가 용돈을 아껴서 사용하니까 어머니 마음이 편하셨다고 했는데 너는 엄마 마음이 편해진 것을 알 수 있었니?

지민이: (고개를 저으며) 아뇨.

치료자 : 어머니의 행동에서 별 차이를 못 느꼈구나.

지민이 : (고개를 끄덕)

치료자 : 아빠는?

어머니 : 아빠는 지민이 용돈에 대해서 별로 신경을 … 제가 다 관리하니까요. 신경을 안 쓰죠.

치료자 : 아빠는 엄마가 편하게 지낸 것을 느끼고 아셨나요?

어머니 : 못 느끼시죠. 아빠는 항상 내가 애를 너무 예뻐하고 애한테 너무 애정을 쏟으니까 애가 결단성이 없고 자기 멋대로 하려고 한다고 말해요.

치료자 : 그러시군요. 제가 새로운 질문을 하나 하겠어요. 우리가 보통 잘 일어나지 않는 것이 발생하면 기적이라고 하는데 만약에 기적적으로 어머니가 걱정하는 것이 다 없어졌다고 생각합시다. 지민이가 돈 걱정도 안 하고 친구관계가 좋아진 것이지요. 밤에 집에서 자는 동안에 그런 기적이 생겼어요. 내일 아침에 일어났을 때 어머니가 지민이에 대해 걱정하던 것이 다 없어진 것을 지민이가 어떻게 알아볼 수 있을까요?

어머니 : 기적이 일어났다는 것을 지민이가 ….

치료자 : 네. 무엇을 보고 지민이가 알 수 있을까요?

어머니 : 지민이가 일어나면 엄마가 가서 안아 주고 ….

치료자 : 지민이가 그렇게 변화된 모습을 보면 어머니가 안아 주고 또 어떻게 할까요?

어머니 : 그냥 뭐, 평상시처럼 잘 대하고 ….

치료자 : 그렇게 큰 변화가 발생할 경우에 어머니의 반응이 어떻게 달라질까요?

어머니 : 글쎄요. 많이 달라지지 않을 것 같은데요.

치료자 : 많이 달라질 것 같지는 않나요? 그러면 어머니가 지민이를 대하는 행동이 조금이라도 달라진다면 어떤 행동이 있

을까요?

어머니 : 제가 마음적으로 걱정을 해도 애한테는 표현을 잘 안 하거든요. 평상시처럼 애가 침대에서 나오면 안아 주고 ….

치료자 : 네. 지금도 안아 주시죠?

어머니 : 네.

치료자 : 그럼 지민이의 모든 것이 달라진다고 해도 어머니는 조금이라도 달라질 것이 없다고 생각하세요?

어머니 : 네. 애가 달라지는 문제는 … 제가 겉으로는 애한테 지민아 그러면 안 된다고 화를 내면서도 얘기도 하고 그러는데 ….

치료자 : 네. 화내는 것이 좀 적어질 것 같으세요?

어머니 : 네. 그리고 애가 이제 돈 관리를 기적적으로 잘 하면 제가 애 수준에 맞게 적절하게 용돈을 주죠. 용돈 주는 것은 원래 철저히 했으니까.

치료자 : 예. 적절하게 용돈을 주시겠다는 것이네요.

어머니 : 저희가 규칙이 있어서요. 오빠 관례를 쫓아서 저학년에는 얼마, 중학교 때는 얼마 ….

치료자 : 예. 학년에 따라서요?

어머니 : 예. 정해져 있거든요. 그래서 이제 애 오빠가 받은 것을 계속 받고 있어요. 애가 중학교에 갔을 때 월급을 줬는데 오빠에게도 월급을 똑같이 주거든요. 오빠와 동생은 용돈 관리를 잘 하기 때문에 일단 주면 전혀 걱정을 안 해요. 애는 관리를 못하니까 주면서도 마음이 불안하고 그러지요.

치료자 : 예. 아버지는 어떻게 달라지실까요. 지민이가 용돈관리를 잘 하고 친구들과도 잘 어울리고 … 그렇게 기적적으로 변

화를 했다면 아버지는 어떤 것이 달라질까요?

어머니 : 잔소리를 좀 덜하겠죠.

치료자 : 아, 잔소리를 덜할 것 같고. 지민아 너는 아버지가 어떻게 달라지실 것 같으니?

지민이 : 없을 거예요.

치료자 : 변화가 없을 것 같아? 어머니 생각에는 잔소리 말고 또 뭐가 달라지실 것 같으세요.

어머니 : 별로 달라질 건 없을 것 같아요

치료자 : 지민이가 달라지고 그렇게 변화가 와도?

어머니 : 돈 관리 같은 건 한 달이 30일이면 20일 내내 일어나는 게 아니고 한순간에 일어나기 때문에 그거 가지고 한 달 내내 그럴 순 없으니까 그것 때문에 한순간에 기분 나쁘고 한순간에 하지 말라고 하는 식으로 지나다가 또 그러고 ….

치료자 : 그러면 어머니 생각에 기적적으로 지민이가 그렇게 달라졌을 때 아버지는 잔소리가 좀 적어지실 것 같고, 어머니는 화를 덜 내고 마음이 편해지실 것이고, 그러면 오빠는 지민이한테 어떻게 대할까요?

어머니 : 제가 얘기해요?

치료자 : 예. 어머니 생각에 오빠는 지민이한테 어떻게 다르게 해줄 것 같으세요?

어머니 : 지민이를 더 많이 인정해 줄 것 같아요.

치료자 : 어, 인정을. 지민이의 어떤 것을 인정해 줄 것 같아요?

어머니 : 지민이의 어떤 걸 인정하냐면, 뭐라고 할까? 나이에 맞는 행동을 한다고 할까?

본 사례에 대하여 문제중심 모델을 사용하였다면 지민이의 문제가 발전하게 된 요인 또는 지민이 성장에 장애가 된 요인들에 관심을 두고 접근할 수도 있다. 그러나 해결중심 모델에서는 앞으로 지민이가 변화하기 위한 노력을 계속하는 것이 치료의 중요한 목적이기 때문에 가족들의 긍정적인 반응에 관심을 두고 접근하였다.

3. 변화를 구체화하며 인식하기: 지난번은 1점 오늘은 4점

치료자 : 지민아, 네가 가장 속상했을 때를 1점으로 하고 네가 기적적으로 걱정하던 모든 것이 해결되어 엄마와 모든 가족들이 기뻐하는 상태를 10점이라고 생각해 보자. 그렇다면 오늘은 몇 점이라고 표현할 수 있겠니?

지민이 : 4점이요.

치료자 : 4점. 그래 지난번에 네가 여기 왔던 때 2주 전 그때는 몇 점일 것 같으니?

지민이 : 1점.

치료자 : 1점. 그렇구나. 그날하고 오늘하고 3점 차이가 있는데, 지민이가 4점이라고 말할 줄은 몰랐네. 그럼 그날하고 오늘하고 뭐가 차이가 있는 것 같으니?

지민이 : (말이 없다.)

치료자 : 아주 조그만 것을 얘기해도 괜찮아. 아주 조그만 거. 오늘 너의 마음이 2주 전보다 편하게 보이거든? 그러니?

지민이 : 네.

치료자 : 무엇 때문에 마음이 편한 건지 그걸 얘기해 줄래?

어머니 : 기분이 왜 좋은가 얘기하면 돼.

지민이 : 그냥, 그렇게 그냥 좋을 수도 있는 거지.

치료자 : 그래. 그냥 좋을 수도 있지. 근데 말야, 그냥 좋은 걸 생각해 보면 얘기할 수 있는 게 있을 거야. 예를 들어서, 지금 네 주머니에 마음대로 쓸 수 있는 돈이 있으니까 좋을 수도 있지.

지민이 : 불안해요.

치료자 : 불안하다고. 어떤 것이?

지민이 : 돈 잃어버릴까 봐 ….

치료자 : 돈 잃어버릴까 봐?

어머니 : 돈을 집에다 안 놓고 주머니나 지갑에 항상 넣고 다니거든요. 한꺼번에.

치료자 : 그렇군요. 지민이는 그동안에 어떤 것이 조금이라도 변화되었을까?

지민이 : (대답을 못하고 있다.)

치료자 : 어머니한테 좀 물어볼까요? 어머니는 지난번하고 3점 정도 차이가 있는 것이 어떤 것들 때문이라고 생각하세요?

어머니 : 그때는 사건이 일어난 지 얼마 안 되고 야단도 막 맞으면서 여기 왔고, 지금은 이제 2주 지났으니까 나한테 야단맞은 게 ….

치료자 : 그러니까 어머니한테 2주 동안에 한 번도 야단 안 맞았어요?

어머니 : 저는 애를 야단 잘 안 쳐요.

치료자 : 그러니까 2주 동안에 한 번도 그런 일이 없었군요?

어머니 : 칭찬해 주고 제가 ….

치료자 : 어머 그러셨어요? 2주 동안에 어머니한테 야단맞을 일을 한 적이 없었던가 보죠?

어머니 : 야단맞을 일을 해도 큰소리 안 하고 지민아 너는 어떻게 생각하니 이런 식으로 하지 막 그러지는 않아요.

치료자 : 그런데 그 기간이 이번 2주가 제일 길었던가요?

어머니 : 보통 한 달쯤 가요.

치료자 : 그러니까 지민이가 야단 안 맞았으니까 기분이 좋은 것도 그 이유가 될까?

어머니 : 얘는 말썽 부릴 게 없어요. 착해요.

치료자 : 그렇죠.

어머니 : 돈에 관한 행동 외에는 마음씨도 착하고 다른 사람 잘 도와주려 하고 길거리에 걸어 다니면서도 주머니에 돈이 있으니까 꺼내 주고 그래요.

치료자 : 그렇구나. 아주 동정심이 많구나.

어머니 : 예. 동정심이 많아요. 그런데 그럴 순간에 자기 자제를 못하고 시끄럽게 해 가지고 ….

치료자가 2주 전과 오늘의 차이를 발견하고 생각하도록 접근한 것은 무의식적으로 행동한 작은 변화라도 변화로 간주하고, 의미를 부여하고, 가치를 두어 부각하고, 인정하기 위한 것이다. 이것은 변화를 인식, 인정, 강화시키는 작업이라고 할 수 있다.

4. 변화 유지와 동기 강화: 10점 정도로 노력할 수 있어요

치료자 : 지민이 생각에 네가 몇 점쯤 되면 어머니와 아버지가 걱정 안 하고 그런 대로 괜찮을 것 같아?

지민이 : 8점.

치료자 : 8점. 네가 아주 높이 잡는구나. 네가 지금 4점인데 8점 정도면 만족할 것 같다는 것이지? 지민아, 네가 열심히 노력

하면 얼마까지 할 수 있을 것 같아? 노력해서 할 수 있는 점수가 몇 점까지 될 것 같니?

지민이 : 10점.

치료자 : 네가 노력하면 10점까지 갈 수 있을 것 같아? 그렇구나. 아하, 지민이가 생각이 참 많구나. 욕심도 많고, 성취하려고 하는 동기가 크구나. 지민이의 최종 목표는 10점이구나. 최종 목표는 10점이지만 1점씩 올라가야겠지. 오늘 네가 4점이야. 우선 1점만 더 올리려면 무엇을 해야 할까?

지민이 : (생각만 하고 대답을 못한다.)

치료자 : 그래, 지민아 생각 좀 하고 있어. 어려운 질문이거든. 내가 엄마한테 좀 물어 볼게.

치료자는 지민이가 언어적으로 반응이 없는 것을 크게 문제시하지 않았고, 가능하면 단순하고 구체적인 질문을 반복적으로 하려고 노력하였다. 그것은 지민이가 직접 반응은 하지 않아도 질문에 관하여 깊이 생각하는 과정에서 내적으로 변화할 가능성이 있기 때문이다.

5. 생각을 행동으로 표현: 친구들에게 끼어들었어요

치료자 : 어머니는 제일 힘드셨을 때를 1점이라고 한다면 어머니는 오늘은 몇 점이라고 할 수 있을 것 같으세요?

어머니 : 오늘은 한 5점.

치료자 : 아, 그러세요. 그러면 2주 전에는?

어머니 : 2주 전에는 한 2점.

치료자 : 예. 그러면 한 3점 차이가 구체적으로 어떤 것들이 있을 것 같으세요?

어머니 : 오늘 돈 일부를 저한테 맡기더라구요. 엄마 이거 가지고

있으면 쓸 것 같애 하며.

치료자 : 돈을 맡겼어요? 그건 참 큰 변화네요.

어머니 : 자기가 받은 거니까 자기가 다 가지고 그랬는데 엄마한테 맡긴다고 주더군요.

치료자 : 예. 그렇군요. 또 어떤 것이 3점 정도의 차이라고 할 수 있을까요?

어머니 : 전에는 먹지도 않고 막 사기만 했거든요. 지금은 꼭 자기가 먹고 싶은 것, 요런 것만 사서 먹는 것 같아요.

치료자 : 어머 그래요. 자기가 필요한 만큼만 산다는 것이군요.

어머니 : 예. 필요한 만큼만 사서 싹 먹어치우고.

치료자 : 어머니 또 어떤 것이 있을까요?

어머니 : 그리고 이제 친구한테 선물공세를 덜 하는 것 같아요.

치료자 : 아!

어머니 : 날마다 가져갔거든요.

치료자 : 예. 그런 변화는 지민이가 많이 생각하고 노력한 결과네요.

어머니 : 마음이 편안해서인지 지금은 그냥 학교에 가더라구요. 학교생활 얘기도 하고.

치료자 : 학교생활 얘기도 하고. 예. 어머니가 관찰을 많이 하셨네요. 또 있을까요?

어머니 : 그리고 이제 자기가 친구들을 찾아가서 얘기하는 것 같아요. 전에는 앉아서 친구들이 부르면 가고, 부르지 않으면 혼자 자리에 앉아 있고 … 이제는 자기가 찾아가서 끼어든다고 그러더라구요.

치료자 : 아! 그래요? 지민이가 2주 사이에 굉장히 변화가 많네요.

어머니 : 뭐, 그런 거.

〈인터폰으로 호출〉

치료자 : 선생님들은 옆방에서 지민이가 바람직한 변화들을 아주 많이 해서 굉장하다고 하네요. 그런데 그런 변화가 지민이가 혼자서 스스로 노력을 했는지 아니면 어머니가 어떻게 도와줘서 그렇게 했는지 궁금하다고 하세요.

어머니 : 용돈 좀 달라고 하면 이제 한꺼번에 쓰지 말라고 말하고, 용돈 주는 날부터 제가 얘기를 했거든요.

치료자 : 예. 어머니가 도와주었군요.

어머니 : 용돈이 생겼으니까 꼭 필요한 것만 사라고 오빠도 한마디씩 하더라구요.

치료자 : 오빠도 관심이 많군요.

어머니 : 네. 그렇게 쓰면 안 되는 거라고 하죠.

치료자 : 예. 어머니와 오빠가 도와주었고, 지민이는 그렇게 일러주는 말을 잘 새겨듣고 그대로 행동하였군요. 지민아, 네가 친구들한테 끼어들고 같이 놀았다고 했는데 어떻게 그렇게 할 생각을 했지?

지민이 : (말이 없다.)

치료자 : 애들이 널 불러들인 건 아니지? 네가 그냥 애들을 찾아갔구나. 대단한 노력이다. 생각을 행동으로 옮기는 것은 참 힘든 일인데 … 그래, 그랬더니 애들이 널 끼워줬어?

지민이 : (고개를 끄덕임)

치료자 : 끼워 줬다고? 아하! 그랬구나. 그래서 넌 또 어떻게 했니? 같이 얘기 했니?

지민이 : 얘기한 적은 없고 듣기만 했어요.

지민이가 좋아하는 친구들이 있는 데로 찾아가 끼어들었다는 것은 내적인 노력의 결과로서 매우 큰 변화라고 본다. 그리고 언어적 표현은 적지만 생각을 적극적인 행동으로 표현하였다고 본다.

6. 변화의 차이를 인식하고 강화: 혼자 있을 때는 쓸쓸했는데 이제는 아침이 왔으면 해요

치료자 : 네가 그러니까 애들한테 가서 얘기만 들었구나. 그때 네 기분이 어땠어?

어머니 : 기분이 어땠어?

치료자 : 네가 친구들한테 가지 않고 혼자서 가만히 있을 때 하고 네가 친구들 옆으로 가서 얘기하는 것을 들었을 때 무엇이 달랐을까?

지민이 : 혼자 있을 때는 쓸쓸했거든요.

치료자 : 그렇지. 같이 있으니까?

지민이 : 조금 덜 쓸쓸했어요.

치료자 : 어! 그렇구나! 그런 것을 느꼈구나. 또 어떤 느낌이 있을 수 있었을까? 덜 쓸쓸했고, 또?

지민이 : 친구가 없을 때는요 학교에 가기 싫고, 맨날 먹고 그랬는데요.

치료자 : 근데 이제는?

지민이 : 아침이 왔으면 했어요.

치료자 : 아침이 왔으면 했어? 어머니 알고 계셨어요? 얘가 이렇게 생각하는 것을? (치료자는 흥분해서 큰소리로 말했다.)

어머니 : 아니, 개학하니까 얘가 학교에 가는 걸 싫어하지 않더라구요. 아침 일찍 가야겠다는 생각을 하는 것 같았어요. 전에

는 가기 싫어 가지고 50분까지라면 50분에 출발하고 그랬는데 요즘은 제시간에 맞춰서 학교에 가요.

치료자 : 아, 제시간에 맞춰서 학교에 가고.

어머니 : 요새 학교 일찍 가지?

지민이 : 한 10분 전에 ….

치료자 : 어떻게 이렇게, 지민이가! 와! 선생님은 지금 깜짝 놀랐어. 이렇게 말이 없던 네가 세상에 2주 사이에 이렇게 말을 잘 하잖아요. 그래서 선생님은 지금 믿어지지 않을 정도로 지민이가 많이 달라졌다고 생각해. 어떻게 그런 생각을 했지? 네가 그렇게 해야 되겠다는 생각을 어떻게 그렇게 했니? 상당한 용기가 필요했을 텐데 대단한 용기를 냈군요!

어머니 : (웃으며) 예.

치료자 : 오늘도 학교에서 그렇게 시도해 봤니?

지민이 : 네.

치료자 : 오늘은 며칠째 그렇게 하는 거니?

지민이 : 이틀째.

치료자 : 이틀째야. 야! 이틀이나 계속해서 네가 의도적으로 노력했구나. 참 대단하다. 지민이는 엄마한테 돈을 맡겼고, 그리고 먹을 것을 예전 같으면 많이 샀을 텐데 조금씩 샀다고 했잖아. 그거 어려운 일이거든. 지민아 어떻게 그렇게 조금씩 살 생각을 했니? 더 많이 사고 싶은 마음이 아직도 있었을 텐데.

어머니 : 얘기해 봐.

치료자 : 그거 참 힘든 일이야. 어떻게 그렇게 했니? 돈 계산을 해 봤어?

지민이 : (대답 없이 생각한다.)

치료자 : 네가 나머지 돈 계산을 해 본거니?

지민이 : 계산은 안 하구요. 그냥.

치료자 : 그냥 절제해야겠다고 생각했나?

지민이 : 돈이 아까워서.

치료자 : 돈이 아까워서. 야, 기특하네! 어머니는 애가 먹을 걸 조금 만 샀다고 했을 때 어떻게 반응해 주셨어요? 어머니는 뭐라고 했지요?

어머니 : 칭찬을 해 줬을 거예요. 칭찬해 주고 좀 더 절제하면 좋겠다. 그리고 ….

치료자 : 엄마가 칭찬해 줬어?

지민이 : (고개를 저음)

치료자 : 지금 좀 해 주세요.

어머니 : (머리를 쓰다듬으며) 어, 그랬어?

치료자는 지민이의 변화에 대하여 의도적이 아니고 진정으로 놀라고 반갑고 축하해 주고 싶었다. 순간적으로 치료자는 흥분했었다. 치료자는 반복적으로 변화를 재확인함으로써 변화에 대한 인식을 강화하려고 노력했다. 지민이는 지난주보다 단 마디의 말이었지만 자신의 주장을 분명히 표현하였다.

7. 희망과 기대: 어머니와 지민이의 기대가 일치

치료자 : 지민이는 성격이 조용하고 표현이 적어서 10만큼 노력해도 어머니가 까닥하면 놓치실 것 같아요. 지민이를 아주 자세히 관찰해야 변화를 알 수 있을 것 같네요.

어머니 : 그래서 지나가다 한마디씩 하면 제가 애 마음을 알죠.

치료자 : 예. 예민하군요.

어머니 : 재잘재잘하는 게 아니라 엄마 나 오늘 학교에서 누구랑 얘기했어. 그러면 ….

치료자 : 지민이가 단 마디를 말해도 어머니는 무엇을 말하려는지 아는군요?

어머니 : 예.

치료자 : 그러면 지금의 상태를 어머니가 5점쯤이라고 하셨는데 그런대로 잘 지낼 수 있다고 생각하는 것이 몇 점쯤 될까요?

어머니 : 지민이는 자기가 10점이라고 했는데 10점까지 간다면 ….

치료자 : 10점은 자기가 노력을 최대로 할 수 있다고 하는 것이고, 8점까지만 가도 자기가 만족하겠다고 했지요.

어머니 : 8점 정도만 되어도.

치료자 : 어머니도 한 8점쯤. 그럼 어머니 생각에는 지민이가 노력을 하면 몇 점까지 할 수 있을 것 같으세요?

어머니 : 8점까지는 할 수 있겠죠. 자기가 노력한다면. 지민이를 믿어야죠.

치료자 : 예. 지민이가 노력하는 것을 믿는군요. 오늘 두 분이 희망적인 말을 했어요. 선생님이 나가서 다른 선생님하고 의논을 하고 오려고 하는데 저한테 더 하고 싶은 말 있으세요?

지민이는 성취가능성을 10점으로 하고, 성취할 수 있는 목표를 8점으로 보았다. 어머니는 지민이의 성취가능성과 목표를 8점으로 보았다. 두 사람의 기대치가 일치하는 것을 바람직하다고 보았다. 그리고 지민이는 자기자신에 대하여 성장하고자 하는 강한 의지와 동기를 가지고 있고 목적의식이 분명한 것을 척도 질문을 통하여 표현하였다고 본다.

8. 자원활용과 능력강화: 조카를 잘 돌본 경험이 적응력에 영향

어머니 : 얘가요. 동생을 돌볼 때 얼마나 잘 돌보는지 몰라요. 그때부터 사람한테 적응을 했다고 할까 ….

치료자 : 예. 그렇군요. 성공적인 경험이 자신감을 갖게 한 것 같네요.

어머니 : 그게 개학까지 이어진 것 같아요. 맨날 혼자 있다가 책임감도 있고 잘해 주더라구요. 엄마 이상으로 … 저는 큰 엄마라도 잘 못해 줬거든요. 근데 지민이가 참 잘 하더라구요.

치료자 : 네. 그랬구나!

어머니 : 그래서 그게 계기가 됐나 봐요.

치료자 : 좋은 계기를 만든 것이 됐네요. 지민이가 잘 돌보았을 때 기분이 어떠했니?

지민이 : 좋았어요.

치료자 : 조카도 좋아하고 잘 따랐니?

지민이 : (자신있게) 네.

치료자 : 조카는 어떤 걸 제일 좋아했니?

지민이 : 그림 공부를 좋아했어요.

치료자 : 그림 공부를 좋아했어? 지민이는 어떻게 조카가 그림 공부를 좋아하는 걸 알았어?

지민이 : 스케치북 달라고 해서 그림 그리고 ….

치료자 : 네가 발견했구나. 그래서 그림 그리는 걸 둘이서 많이 했니?

어머니 : 동화도 읽고, 자기도 그림 공부를 해 가지고 매일 2장씩. 매일 2장씩 약속 지키려고 자기도 동생한테 시범을 보이려고 ….

치료자 : 그래요. 이번에 지민이는 새로운 변화를 하려고 많이 노력한 것을 발견했네요. 그럼 내가 의논하고 올 테니 기다려 주세요.

어머니는 지민이의 변화와 잠재능력에 관하여 자발적으로 이야기하는 것이 증가하였다. 그리고 조카를 돌보았던 성공적인 경험을 학교생활 적응과 친구관계 발전과 연결시켜 좋은 계기가 되었다고 생각하였다. 이러한 측면들은 어머니의 성장과 변화라고 볼 수 있다. 그리고 지민이의 조카와의 성공적인 관계발전 경험은 자신의 잠재능력을 확인할 수 있었던 좋은 계기였다고 본다.

메시지

선생님들과 같이 의논한 결과 지민이가 너무 기특하다고 봅니다. 지민이가 돈을 어머니한테 맡기고 꼭 필요한 만큼만 구입하고, 자기가 자진해서 친구들한테 접근해서 이야기 듣고 적응하려고 노력한 것은 큰 변화이고 발전입니다. 이런 행동들은 많은 생각과 강한 의지를 필요로 하지요. 따라서 지민이가 조용하고 말이 적지만 생각을 깊이 많이 하고, 꼭 해야겠다고 생각하는 것은 행동으로 옮길 수 있는 강한 동기와 용기를 가지고 있다고 봅니다. 그래서 마음만 먹으면 자기가 꼭 필요하다고 생각하는 것을 행동으로 옮길 수 있는 것을 오늘 여러 가지 보여 줬기 때문에 선생님은 오늘 놀랐어요.

지민이는 자기에게 도움이 되는 것이 무엇이고 어떻게 해야 되는지 아는 것 같아요. 그 중요한 것은 지민이가 자기한테 필요하고 도움이 되는 것을 이미 이틀씩이나 의도적으로 반복해서 했다는 것이고, 이것은 상당히 바람직한 것입니다. 친구들한테 접근하는 행동을 하고, 혼자 있을 때 외롭고 같이 있을 때 덜 외롭다는 것을 구분해서 의식한다는 것은 상당히 발전적이고 중요한 것입니다. 지민이가 오늘 말한 것과 같이 의도적으로 노력하고, 노력한 결과 무엇이 달라졌는지 관찰하고 생각해 보는 것을 계속한다면 더욱 발전할 수 있을 것이라고 생각해요. 또한 이것은 어머님이 지속적인 관심과 애정을 가지고 계속적으로 노력한 결과라고 봅니다.

어머니는 지민이에 대해서 아주 세밀하게 많은 것을 관찰하고 파악한 것 같아요. 그리고 파악했을 뿐만 아니라 긍정적으로 반응해 주고 해석해 준 것이 많은 도움이 되었다고 봅니다. 특히, 조카를 돌보는 경험을 통하여 지민이가 자신감, 책임감 그리고 성취감이 생기도록 하였고, 이런 것들을 친구관계와 학교생활 적응과 연결시켜 생각하고 변화를 인정하는 것은 놀라운 능력입니다. 어머니와 지민이의 노력과 능력을 높이 평가하고, 판단과 생각에 공감하고 동의합니다. 이런 모든 것들이 지민이가 변화하고 성장하는데 아주 힘이 되고 격려가 될 것이라고 생각합니다.

지민이가 앞으로 노력해야 할 것은 주변 사람들이 지민이가 노력하고 변화하고 있는 것을 알 수 있도록 하는 것입니다. 지민이가 워낙 말이 적고 표현이 적어서 노력은 많이 하지만 다른 사람들이 알아차리기 힘들기 때문에 지민이의 노력과 발전에 관하여 가족과 친구들이 빨리 알아볼 수 있는 방법을 생각해 내는 것입니다. 그동안 지민이가 노력하고 변화한 것을 볼 때 조금만 더 용기를 가지고 노력을 하면 자기가 목표를 세운 대로 8점까지 성취할 수 있는 희망이 보입니다.

그래서 저는 새로운 것보다도 지민이가 강한 동기와 의지를 갖고 2주 동안 시도했던 것과 같이 계속 발전시키는 것이 중요하다고 봅니다. 어머니께서도 계속해서 관찰하시고 긍정적인 반응을 보여 주시면 상당히 도움이 될 것입니다. 그러면 어머니께서 생각하시기에 가족치료가 필요하다고 생각할 때 미리 약속하고 오시면 좋겠습니다.

치료자의 의견

1. 두 번째 가족치료에서는 변화를 발견하고, 인식하고, 인정하고, 강화와 유지하는 것에 관심을 두고 치료적인 접근을 하였다.

2. 어머니는 지민이가 변화하기를 원하면서도 실제의 변화를 인식하고 인정하는 데는 시간이 필요하였다. 변화를 부정하는 것이라기보다는 '변화' 를 문제가 모두 해결되거나 매우 큰 행동상의 변화로 기대하였을 가능성도 있다. 일반적으로 내담자의 변화에 대하여 조급하게 반응을 기대하기보다는 인식과정을 기다려 주는 것이 중요하였다고 본다. 문제중심의 의식구조를 작은 변화라도 중요시하는 긍정적인 의식구조로 변화하는 데는 시간이 필요하기 때문이다.

3. '변화가 없었다' 고 말하는 것은 변화를 발견하지 못하였거나 '작은 새로운 행동' 을 변화로 인식하지 못하였기 때문일 수도 있다. 따라서 치료자는 변화를 하지 않을 수가 없다고 하는 확신을 가지고 구체적으로 질문을 하며, 반복적으로 유사한 질문을 함으로써 아주 작은 변화라도 발견하도록

돕는 것을 중요시하였다. 그리고 작은 변화라도 변화를 확인하고 가치를 부여하며, 새로운 차원에서 의미를 부여하고, 작은 변화가 큰 변화의 시작인 것을 인식하고, 전문가로서 공적으로 변화를 인정해 주고, 강화시키는 작업이 본 사례에서도 영향을 주었다고 본다.

4. 척도 질문을 현재 상태, 목표, 가능성 타진, 동기와 의지 등을 확인하는 데 사용하였다. 이것은 어머니와 지민이가 행동방향을 설정하고, 의지와 동기를 강화하며, 구체적인 희망을 갖게 하기 위하여 구체적인 행동계획을 하는 데 도움이 되었다고 본다. 더욱 중요한 것은 상호 간에 기대를 일치시키는 데 도움이 되었다고 본다.

5. 평가(가족치료의 결과와 종결 후기 등)

1) 말이 없는 사례에 대한 접근전략: 어머니를 통한 접근

본 사례는 문제가 복잡하거나 심각하지는 않았다. 그러나 내담자가 소극적이고 말을 하지 않으려고 하였고 어머니가 대신 대화를 하였던 것이 특징이다. 본 사례의 경우 내담자가 혼자 왔다면 상담진행이 의외로 쉬울 수도 있지만 말을 하지 않아 진행이 매우 힘들 가능성도 있다. 때로는 지나치게 소극적인 청소년을 상담할 때 어머니만을 상대로 상담하는 것의 효과에 대한 의문이 있고, 함께 참석을 하여도 내담자 본인이 전혀 말을 하지 않는 경우 치료의 결과에 의문이 제기되기도 한다. 여기서는 이러한 측면에 대한 의문과 질문에 어느 정도의 답을 제시하였다고 본다.

2) 가장 영향을 준 전략: 잠재력과 변화에 대한 확신

해결중심 가족치료의 모델을 적용하는 데 있어 모든 질문기법을 사용하지는 않았지만 문제, 내담자의 잠재능력, 가정과 원칙들을 처음부터 끝까지 치료자가 적용하였다. 처음에 어머니가 “변화가 없었다”고 반응하였지만 반복적이며 구체적인 질문을 하면서 작은 변화를 발견하기 시작함으로써 어머니가 계속적으로 변화를 발견하게 되었다. 이 사례에서는 표면상의 기술적인 것도 중요하였지만 내담자의 잠재능력에 대한 긍정적인 신뢰 그리고 내담자는 변화하고 있다고 하는 확신이 더욱 영향을 주었다고 본다.

3) 유용한 질문: 척도 질문

지민이가 가장 반응을 보였던 것은 척도 질문이었다. 지민이에 대한 병원 검사결과 종합평가에서 지적하였듯이 전체적으로 지적능력의 발달이 부진하고, 논리적 표현력과 언어적 표현력이 부진하여 원활한 언어적 의사소통에 제한이 있었다. 그리고 좌절과 소외감, 우울한 감정을 지적하였었다. 이와 같은 요인들을 근거로 할 때, 지민이가 가족치료에서 적절한 반응을 하지 못한 것은 당연하였다. 그러나 척도 질문에서는 반응을 하였고, 응답한 수치가 현실적으로 판단하여 적절한 응답을 하였다고 본다. 따라서 척도 질문은 자세한 설명을 못해도 자신의 생각을 집약하여 표현할 수 있는 유용한 질문이었다고 본다. 중요한 것은 척도 질문을 사용하기 전에 어느 정도 상호 간에 신뢰할 수 있는 관계형성이 먼저 이루어져야 하는 것이다.

4) 치료의 결과

한 번 성공한 것은 계속할 가능성이 있고, 인정받은 변화는 계속 변화할 가능성이 많다. 자신의 잠재능력과 강점에 새로운 의미가 부여되고 공개적으로 인정을 받으면 자기존중감이 회복되고 성장한다. 이와 같은 가정을 가지고 전략과 기술을 사용하였다. 따라서 해결중심 가족치료 접근에서는 치료상황에서 잠재력과 강점이 발견되고, 변화가 확인되며, 내담자의 변화에 대한 동기와 의지에 관한 확신이 있으면 종결해도 된다고 하는 원칙을 적용하였다.

처음에 제기하였던 문제는 도벽, 친구관계의 어려움, 무단결석과 등교거부, 우울한 감정 등이었다.

이러한 것이 2회 가족치료에서 완전히 제거되었거나 해결되었다고 할 수는 없다. 그러나 표면상에 제기된 문제들과 관련하여 볼 때 어머니와 지민이의 문제해결을 위한 적극적인 노력과 성공적인 경험들을 근거로 앞으로 변화는 계속되리라고 예측할 수 있었다. 척도 질문을 통하여 어머니와 지민이가 평가한 내용을 보면 다음과 같다.

2회로 가족치료를 종결하였지만 어머니는 처음에 목표하였던 대로 5점으로 변화하였고, 지민이는 목표를 8점으로 하였으나 4점을 성취한 상태였다. 종결의 결정은 어머니가 하고 치료자가 동의하였지만 그 이유는 다음과 같다.

내용 / 참여자	1회 당시 정서상태	그런 대로 만족할 상태(치료목표)	노력의 결과 성취가능성	지민이의 변화에 대한 기대	2회 당시 정서상태
어머니	2	5	8	6	5
지민이	1	8	10	8	4

(1) 지민이가 자신이 변화할 가능성을 8로 보았고, 성취가능성을 10점으로 보았는데 이것은 지민이가 내적으로 가족치료에 대한 기대와 자기 자신에 대한 강한 의지를 보여 준 것이라고 해석할 수 있다. 그리고 실제로 2주 사이에 처음에 제기하였던 문제, 즉 돈 관리 문제와 친구와의 관계 개선에 대한 성공적인 경험이 있었고, 이것을 근거로 변화가 계속되리라는 희망을 가졌기 때문이다.

(2) 어머니와 지민이가 문제에 대한 불안감이 감소되고 성공적인 경험으로 인한 자신감이 증가함으로써 정서적으로 편해졌다고 평가하였다. 따라서 편안한 상태에서 적극적인 노력을 계속할 가능성을 높이 보고, 도움이 필요하다고 생각할 때에는 다시 올 것이라고 판단하였기 때문에 종결은 무리가 없었다고 보았다.

어른 옷을 입은 어린이

1. 사례 개요

다음의 사례는 틱 증상을 가진 10세 어린이와 어머니가 소아정신과에서 소아정신의의 사정과 사회사업가의 부모면담을 한 결과, 가족치료를 받게 된 경우이다. 본 치료자가 이 사례를 맡게 되었고, 치료는 3회에 걸쳐 진행되었다. 이 책에서는 이 사례의 대화내용을 기술하고 사용된 주요 기법과 해석을 제시하며 평가해 보고자 한다.

이 사례의 내용분석에 앞서 내담자 가족에 대한 정보를 간단히 기술하면 다음과 같다.

1) 의뢰과정

병원의 소아정신의가 가족치료를 의뢰하였다.

2) 가족사항(부모와의 면담에서 가족성원에 대한 정보를 얻음)

내담자 : 조기영(가명), 남자 10세, 가미초등학교 3학년

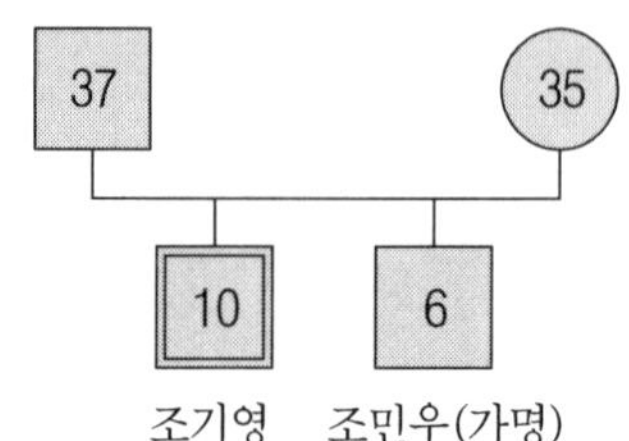

큰 외삼촌 : 입 벌리는 틱이 있었음(초 5~중 2). 고모, 조모: 완벽하며 꼼꼼한 편임.

아버지(37세) : 학력은 대졸이며 회사원임. 성격은 꼼꼼하고 완벽하며 일에 대해 정확하고 준비성이 있음. 자녀에게 엄격한 편이나 아이들과 잘 놀아주며, 게임기구나 운동기구, 과자 등을 자발적으로 사다 주는 등 아이들에게 자상한 면이 많음.

어머니(35세) : 학력은 대졸이며 현재 초등학교 교사임. 성격은 안으로 삭이고 표현을 하지 않으며 내성적임. 친정 어머니가 지나치게 과외활동을 시켰고 기대가 높아 어려서부터 장녀로서 심리적 부담을 크게 느끼며 성장함. 친정 아버지가 사업에 실패한 상황에서 동생들이 학업을 계속하도록 본인은 원하지 않는 대학에 진학하면서 즐겁지 못한 학창시절을 보냈음. 졸업 후 직장생활에는 만족하고 있음.

내담자(10세) : 가미초등학교 3학년. 어려서는 조용하고 유순한 편이었음. 장난감도 하나씩 가지고 놀면서 깔끔하게 치우는 등 차분했음. 사람을 좋아하고 따르는 편이지만 시끄럽거나 수선스러운 친구는 싫어

하는 편임. 자신이 떼쓰거나 약속을 어기는 것 등에 대해 부모가 매우 엄하게 했던 것을 많이 기억하고 있음. 동생과는 잘 놀며 예의가 바른 편임. 부모가 내담자를 책임감 있게 키우려고 '큰 애 노릇'을 강조하기는 했지만, 지나치게 어른스럽게 행동하려고 노력하는 것 같다고 함. 승부의욕이 강하고 특정한 일에 대한 집착이 강함. 학원을 열심히 다니며, 시험을 잘 봐야 하는 것에 대해 지나치게 걱정함.

남동생(6세) : 유치원생이며 애교가 많고 아버지를 많이 따름. 하고 싶은 것을 하도록 부모가 허용적으로 키워 왔으며 버릇이 없고 고집이 셈. 하고 싶은 것을 거리낌 없이 표현하는 면이 내담자와 다른 점임.

3) 제시된 문제

틱 문제로 내원한 내담자는 세 살 때 유치원에 다니면서부터 눈을 깜빡이는 틱 행동을 보이기 시작하였음. 그 외 '음' 소리 내기, 입 실룩거리기 등의 행동을 반복적으로 하였음. 현재는 어깨와 머리를 흔들고 '음' 하는 음성 틱을 보임. 만화를 보거나 오락을 할 때, 새 학기가 시작될 때 그리고 야단맞을 때 이러한 행동이 더 심하게 나타남.

4) 내담자의 발달사

내담자는 정상으로 태어났으며 출생 시 체중은 2.5kg임. 주 양육자는 어머니임. 발달사를 보면 유아기에는 모든 발달이 정상범주였고 학령 전기에는 어머니와의 분리에 큰 무리가 없었음. 이 시기에 눈 깜빡임이 시작됨.

성격은 꼼꼼하고 강박관념이 있으며 잔걱정이 많고 문단속하는 버릇이 있음. 최근에 와서 신경질, 짜증, 말대꾸가 늚. 동생에게 양보를 많이 하는 편이나, 동생이 지지 않으면 때리기도 함. 수업태도는 명랑하고 활발하며, 빨리하고 놀려는 것 때문에 주의가 산만하다는 지적을 받기도 함. 친구관계는 리더십이 있고 승부욕이 강하며, 교우관계에서 인기가 있음.

5) 병원의 검사결과

소아정신의의 소견으로 표준화된 검사와 약물치료는 불필요한 것으로 판단되었으며, 대신 가족치료를 추천함.

2. 사례분석 방법

총 3회에 걸친 치료의 대화내용을 각 회기별로 기술하며 치료목적으로 사용된 기법을 명시하는 대화분석 방법을 사용하였다. 구체적인 방법은 다음과 같다.

① 각 상담회기는 녹화되었고, 녹화된 내용은 효과음 등을 제외하고 녹취하였다.

② 독자의 이해를 돕기 위해 사용된 주요 기법은 〈 〉 안에, 치료자의 해석은 [ ] 안에 명시하였다. 경우에 따라 기법과 해

석이 명확히 구분되지 않는 경우도 있다.

③ 치료 후 '치료자의 의견'을 통하여 상담과정의 핵심을 재정리하였다.

④ 한국단기가족치료연구소에서 사용하는 치료 기록지를 '부록'에 첨부하여 독자들이 참고할 수 있도록 하였다.

3. 치료과정

제1회

◈ 참석자 : 내담자, 아버지, 어머니, 조민우

치료자 : 여기 오시기 힘드셨어요?

아버지 : 아닙니다.

치료자 : 어디서 오시는 길이에요?

아버지 : 연희동에서 옵니다.

치료자 : 아, 그렇게 멀지는 않군요. 제 소개를 먼저 드리겠습니다. 이름은 정문자이구요. 현재 연대 재직 중입니다.〈치료자 소개〉 가족치료를 저 혼자만 하는 게 아니고 여러분과 함께 하세요. 말씀을 들으셨는지 모르겠는데, 어떻게 진행하고 있는 건지 ….

아버지 : 예. 자료를 통해서 좀 봤습니다.

치료자 : 아, 보셨어요? 여기에 선생님들이 계시구요(옆방을 가리키면서). 모니터를 통해 보시면서 필요하면 도움도 주시고 … 그렇게 팀으로 하고 있구요. 물론 여기서 한 얘기는 비밀 보장이고요.〈치료 진행과정 설명〉 식구소개를 좀 해 주시

겠어요?

아버지 : (내담자를 가리키면서) 저, 기영이부터 하겠습니다. 지금 가미초등학교 3학년이구요. 열 살이고, (내담자의 남동생을 보면서) 민우입니다. 이름은 민우고 나이는 여섯 살이고요, 지금 유치원에 다니고 있습니다.

어머니 : 지금 초등학교에 나가고 있구요. 나간 지는 작년부터 나갔거든요. 그전에는 집에서 애들이랑 ….

기 영 : 엄마 나이? (엄마를 챙기는 기영의 모습에서 어른스러움이 엿보임.)

어머니 : 나이는 삼십오 세구요.

아버지 : 저는 애들 아빠구요. 직물 회사에 다니고 있고, 나이는 서른일곱이고 ….

치료자 : 예. 사실 이렇게 오시는 게 쉽지 않은 일인데요. 어떻게 저희가 좀 도와드리면 좋으실지, 다른 말로 한다면 여기 와서 어떤 일이 좀 벌어지면은 '아! 잘 갔다 왔다' 그렇게 말씀하실 수 있을까요?〈목적설정을 위한 질문〉[누구를 지목하지 않고 가족을 향해 질문]

어머니 : 글쎄, 여기 온 목적이 인제 우선 애가 '뚜렛' 때문에 왔기 때문에 그게 많이 좀 없어졌으면 하는데,[희망사항을 표현] 증세가 많이 완화됐으면 싶구요. 또 성격적으로나 자신감을 좀 가지고 대범해졌으면 싶어요.[목적이 추상적임] 저희들도 좋은 엄마, 아빠가 되기 위한 방법이랄까 그런 것을 좀 습득하는 게 ….[부모로서의 역할학습 희망]

치료자 : 기영이가 좀 대범해지면 어떤 행동들이 나올까요? 어떤 일을 하면은 '아, 우리 기영이가 참 대범하구나, 자신감이

있구나' 하고 아실 거 같으세요?〈어머니의 말을 활용하여 목적을 구체화시키기 위한 질문〉[목적을 행동으로 연결시킴]

어머니 : 지금도 잘 하고 있기는 한데요, 조금 좀 뭐라고 그래야 하지? 강박관념이랄까. 그런 걸 가지고 있어서 이렇게 팍팍 밀고 나가는 그런 게 ….

아버지 : 아주 소심하다고 그럴까요?

치료자 : 다른 말로 하면은 생각이 굉장히 깊군요.〈아버지의 견해를 재구성하여 긍정적인 내용으로 바꿈〉

어머니 : 생각이 굉장히 많아요. 그리고 쓸데없는 걱정을 많이 해요. 애 자체 그렇게 ….[치료자의 재해석을 받아들이면서 다시 자기 견해를 표현]

치료자 : 굉장히 조심스럽고, 덜 그랬으면 좋겠다는 말씀인가요?

어머니 : 그 또래 애들처럼 천방지축이라도 좀 그렇게.

치료자 : 다른 말로 하면 굉장히 신중하군요.〈내담자에 대한 어머니의 걱정을 재구성함〉

어머니 : 좋게 말하면 신중한 거고, 너무 좀 … 어떻게 생각하면 좋을 수도 있는데, 한 번 하고 싶다 그러면은 지나칠 정도로 집착을 해요. 예를 들어, 비디오 같은 거 만화 영화를 하나 빌려 와도 시간이 없어 그날 못 보잖아요. 다음 날 갖다 줘야 될 상황이면 새벽에 일어나서 꼭 봐야 된다 그러거든요. 알람시계를 맞춰 놔도 그 시계가 울리기 전에 일어나는 거예요. 새벽에 ….

치료자 : 나이보다는 애가 굉장히 생각도 깊고 그걸 잘 추진을 해 나가는 것 같네요.

어머니 : 네. 그리고 뭐 … 성경학교, 방학 때 하는 성경학교 같은

데도 새벽 같은 때 일어나서 가거든요. 까만데도 불구하고 아빠한테 데려달라고 해요.

치료자 : 책임감도 굉장히 많은 거 같구요.

어머니 : 예. 좋게 말하면 그런데, 엄마 입장에서는 나이도 너무 어린데 ….

치료자 : 애가 나이보다도 성숙한 면이 많이 보이는 거 같은데요. 〈재구성하면서 긍정적인 면에 초점을 둠〉 다른 부모님들 같으면 그렇지 못해서 걱정하실 텐데, 우리 기영이는 나이보다 너무 잘 해 가지고 걱정을 하시는 게 아닌가 그런 생각이 드는데요.[내담자의 증상을 정상과 비교하여 나은 점에 대해 부모가 걱정하고 있음을 언급]

아버지 : 예를 들어, 문단속하는 부분에 있어서, 기영아(기영이를 보며), 그 현관문을 이렇게 거는 그 부분은 엄마나 아빠가 챙겨도 충분히 되는 부분이란 말이야. 그치? 네가 안 챙겨도 엄마, 아빠가 챙길 부분이 있다구. 네가 염려하고 걱정해야 될 그럴 부분이 있고, 그치? 엄마, 아빠가 걱정해서 챙기고 신경 써야 할 부분이 있는데, 너는 내가 볼 때는 그런 부분, 이 어른들이, 특히 엄마, 아빠가 신경 써서 챙겨야 될 그런 부분까지 네가 신경을 많이 쓰고 오히려 걱정이 많은 거 같애. 그렇지 않아?[내담자에 대한 염려와 불편함을 표현함]

기 영 : 설거지할 때 보면 엄마 대신하고 ….

치료자 : 어, 기영이가 그럼 엄마 설거지도 도와줘?[내담자의 사려 깊은 면을 부각시킴]

기 영 : 엄마가 어디 갔다 오시면 제가 막 신경 써서 하고 그래요.

치료자 : 아유, 세상에 … 어, 요즘 애들 같지가 않네요. 진짜. 굉장히 생각도 깊고,〈내담자의 긍정적 행동에 대해 인정과 칭찬〉 동생하고는 어때? 동생하고 지내는 건 어때?

기 영 : 음, 조금 친한 거 같애요.

치료자 : 친한 거 같애? 그럼 기영이가 동생을 잘 보살펴 주겠구나. 생각도 깊고 말도 잘하는 그런 성격 같아 보이네. 너는 뭐가 또 재밌어? 학교 얘기 좀 해 볼래?〈내담자의 자원과 장점을 끌어내기 위한 질문〉

기 영 : 재밌는 부분이요? 뭐 학교에서요 공책 같은 것도요, 쓸 때 글씨를 잘 쓰면 상도 많이 주시고 그러시거든요.

치료자 : 글씨를 참 잘 쓰는구나. 기영이가.〈내담자가 한 말을 추적하여 칭찬함〉

치료자 : 우리 민우도 조금 얘기해 볼까? 유치원 다니지? 유치원에선 뭐가 재밌어?〈상담상황에서 동생도 중요한 가족원임을 잊지 않도록 관심을 보임〉

민 우 : 체육시간에요. 응, 그 밥 시간에 떠드는 애가 있거든요.

치료자 : 떠드는 애가 있다구?

민 우 : 그래 가지고 내가 시끄러워 가지구요, 못 먹은 거 같애요.

치료자 : 그래. 민우가 밥을 못 먹었구나, 그 친구 때문에. 그래 또 다른 재밌는 애기는 뭐가 있어? 유치원이 좋아?〈동생의 장점과 자원을 발견하기 위한 질문〉

민 우 : 놀이기구도 있고 노는 게 쫌 재밌는 거 같애요.

치료자 : 아, 노는 게 재밌어. 애들답게 밝게 잘 지내고 있는 거 같네요.〈민우를 통해 부모를 간접적으로 칭찬〉 처음 전화를 거셨을 때, '아, SOS다, 도움이 필요하다' 라고 생각하고 전화

를 하셨을 것 아니에요? 그리고 3주가 흘렀죠. 그런데 그 사이에 그 SOS를 치던 문제들에 대해서 뭐가 좀 달라진 게 있었어요?〈상담 전 변화에 대한 질문〉

어머니 : 마음이 편해진 부분도 있고, 뭐 책자라든가 자료라든가 그런 걸 통해서 참조. 애들 위주로 생각하고 제가 많이 참아요.〈어머니의 변화 - 마음이 편해짐〉

치료자 : 예. 그게 어떻게 영향을 미치고 있는 거 같애요? 기영이나 민우나 또 남편한테도 그런 것들이 어떻게 영향을 주고 있는 것처럼 느끼셨어요?〈관계성 질문을 사용하여 어머니의 변화가 가족관계에 미치는 영향을 알아봄〉

어머니 : 글쎄, 당장 눈에 보이는 영향은 별로 없는 것 같구. 일단 제 마음이 편해지구요. 애가 그냥 지금 마음껏 놀고 있는 상태거든요. 얘도 뭔가 좀 느끼지 않을까, 뭔가 조금 달라지고 있구나. 그런 ….[조그만 변화가 일어나고 있음을 암시]

치료자 : 잠깐, 지금 어머니가 마음이 편해지신다고 그러셨는데, 그렇게 해서 지금 애가 어떻게 된다는 얘기죠?

어머니 : 애한테 그렇게 예전처럼 강요하거나 그러지 않으니까. 얘도 좀 친구들하고 같이 놀다보면 놀라서 지금 집에 빨리 가야 하는데, 뭘 해야 하는데, 인제 그런 것에 스스로를 덜 강요하기 때문에〈어머니의 강요 감소 → 아들의 강박성 감소〉 얘도 전보다는 좀 많이 없어지지 않을까 ….[어머니의 변화가 내담자에게 미치는 영향에 대한 어머니의 지각]

치료자 : 기영이는 어땠어? 엄마가 그렇게 마음을 써 주셔서 마음이 좀 편해졌어? 그런 거 알았어?〈어머니의 지각을 내담자를 통해 점검함〉

기 영 : 예.

치료자 : 어, 굉장하네. 그것도 다 알았네〈내담자를 칭찬〉. 아버지는 어떠셨어요?〈상담 전 변화에 대해 아버지에게 질문〉

아버지 : 저도 제 원 생활 자체는 그러지 않았는데 애들하고 시간도 좀 가져 볼라고 노력을 했고, 예를 들면, 농구공을 하나 사 가지고 농구를 같이 좀 해 본다든가, 같이 스킨십을 해 볼 수 있는 그런 식의 방법을 좀 찾아보고 그리고 강요하는 그런 부분들을 제 나름대로는 좀 많이 없앴어요. 예를 들면, '그렇게 행동하면 안 돼, 그렇게 하면 안 돼' 하는 부분들을 될 수 있으면 안 하려고 노력을 좀 해 봤고, 그게 이때까지 물론 병원에서 면담할 때부터나 완전히 제 증상을 인식을 하고 나서는 좀 자제해야지라고 생각을 했지만은 그게 잘 안 되었는데. 원장선생님(정신과 의사) 말씀을 듣고 상당히 심각한 상태다라고 좀 느끼고 있고, 그때 부모 상담을 받으면서 언질을 받은 부분도 있었습니다. 행동 상태를 많이 좀 자제를 해 오다 보니까.[변화하려는 아버지의 노력이 엿보임] 틱 현상이랄까 요런 부분이 제가 볼 때는 안 나타난다는 느낌을 좀 받았었어요. 그게 선생님 말씀으로는 이렇게(손가락으로 물결을 그리면서) 사이클을 그린다고 그러더라구요, 조금 심했다가 괜찮았다가. 조금 그 상태가 나타나는 때 그때는 저도 '사이클을 그리는구나' 하고 인식을 하고. 제가 저 원장선생님한테 '그렇다면 애한테 클래식을 한 번 들려주는 게 어떻겠습니까?' 라는 질문을 한 번 했을 때 선생님이 그것부터가 애가 원하지 않는 방향이면은 그렇게 하지 말아야 한다. 원하는 쪽으로 맞춰

주는 게 좋은 거다라고 저한테 말씀을 해 주셨을 때도, 제가 좀 느낀 점이 많았어요. 참 아직 잠 잘 시간인데, 떠들고 잠 안 자고 이럴 때는 제 속마음 같아서는, '들어가 자' 이러고 싶지만은, 그래 뭐 잠 오면 자겠지 아침에 좀 늦게 일어나가지구 지각해서 선생님한테 야단맞게 되면, 좀 느껴가지구– '아이고 야단 안 맞으려면 좀 일찍 자야지' 하는 자각을 하게 되지 않을까 하는 생각에 뭐 방임형이라고 그럴까 좀 풀어 주는 식으로 그렇게 생활 내지는 행동을 해 왔습니다.

치료자 : 그러시니까 좀 어떠셨어요? 굉장한 결심을 하셨는데.〈아버지의 노력을 칭찬. 바뀐 생각 결과 나온 행동을 물음〉

아버지 : 지금 그에 따른 반응 부분이랄까 그런 부분은 아직 좀 정확하게 파악이 되는 건 아니고, 또 그게 하루아침에 그렇게 되었다고 해서 그런 반응들이 제가 원하는 방향으로 좋게 나타나리라고 생각하지는 않습니다.[아버지의 현실성 있는 반응이 엿보임] 그래서 지금 말씀드린 그런 방향으로 생각을 하고 행동을 하려고 무던히 노력을 하고 있습니다.

치료자 : 그러니까 어머니는 어머니 나름대로 아버지는 아버지 나름대로 굉장히 느끼신 바도 많고 노력도 많이 하시고 그러셔서 그게 기영이한테 영향을 주고 있는 거 같네요. 마음먹기가 그렇게 쉽지가 않고 마음먹은 대로 행동하기가 쉽지가 않은데 ….〈부모의 노력에 대한 인정과 칭찬〉

아버지 : 아마 기영이도 그런 부분을 아까도 얘기했지만, 많이 느끼고 있을 겁니다. (기영이를 보며) 그치? 노력하는 게 좀 어렵다고. 아빠가 노력을 많이 해?

치료자 : 엄마, 아빠가 굉장히 노력하시는데 기영이는 어떻게 했어?〈관계성 질문〉

기 영 : 저두 엄마, 아빠가 노력을 하니까요. 저도 잘 하려고 해요.

치료자 : 아, 그렇구나. 기영이가 잘 하면은 어떻게 하지? 네 생각에 어떻게 하면 잘 하는 거 같애?〈구체적인 방법에 대해 질문〉

기 영 : 부모님 말씀 잘 듣고.

치료자 : 어, 말씀 잘 듣고. 굉장하네. 그 3주 동안에 많은 일들이 일어난 거 같구나.〈내담자의 인식변화와 노력에 대한 칭찬〉

아버지 : 제가 참 잘못했던 행동 하나가, 제 눈에 거슬리는 행동은 못 봐 왔어요. 그러다 보니까 애가 주눅이 들어서 제가 손만 딱 들어도 지 때리는 줄 알고. 이런 행동들에서 '지금 이게 크게 잘못됐구나' 그런 생각을 많이 했고, 그런 부분에서 제가 좀 잘못됐다는 것을 많이 깨달아요. 깨닫다 보면은 나중에 결과는 좋아지지 않겠습니까?[아버지는 깨달음에 대한 결과에 희망을 가짐]

치료자 : 그럼요. 제가 조금 다른 질문을 할 텐데요. 오늘 집에 가셔서 밤에 주무실 거 아닙니까? 상상을 해 보는 거예요. 주무시는 동안에 기적이 일어났어요. 이 기적이라는 것이 오늘 오시면서 '해결됐으면 좋겠다' 하는 문제들이 다 해결되어 버렸어요. 그런데 주무시고 있었기 때문에 기적이 일어난 걸 몰랐어요. 아침에 깨 보니까 '아, 우리 집에 기적이 일어났구나, 우리가 염려했던 문제가 다 해결되었구나'를 무엇을 보시면 아시겠어요?〈기적 질문〉

어머니 : 저라면요, 당장 눈앞에 보이는 틱이요.[기적상황이 너무 큼]

치료자 : 아버지는?

아버지 : 저도 같은 생각인데, 우선 그런 행동이 안 보였으면 하는 게 제 바람입니다. 구체적인 것을 짚으라면 그런 증상을 안 보이는 그런 게 아닐까.[기적상황이 너무 크며 추상적임]

치료자 : 그건 진짜 기적이구요. 언젠가는 그 기적이 일어나리라 믿습니다. 지금은 조그마한 기적을 한 번 생각해 볼 수 있을까요?〈현실적으로 가능한 기적상황을 만들기 위한 질문〉

아버지 : 예. 저도 부부간의 문제 부분이랄까, 성격이 두 사람이 부딪치는 면이 좀 많습니다. 이 사람 혈액형도 O형이고, 저도 O형이고, 뭐 혈액형 갖고 전체를 평가하는 건 아니지만은. 그렇다 보니까 부딪칠 때는 같이 팍 부딪치는 경우가 많습니다. 누가 한 사람이 올라가면은 한 사람이 팍 져야 하는데 그렇지가 못한 편이거든요. 서로 서로 생활습관이 다른 상태에서 이렇게 지금 10년 됐으면 어느 정도 깨져야 하는데, 내가 싫어하는 부분은 이 사람이 알아서 해주고 이 사람이 싫어하는 부분은 내가 맞춰 주고 그래야 하는데, 그런 부분이 저도 잘 안 되고 이 사람도 잘 안 되는 거 같애요. 그런 쪽에서 참 이 사람하고 좋지 않은 편입니다.[아버지는 내담자의 틱 문제에서 부부관계의 문제로 주제를 바꿈]

치료자 : 그러면 아침에 일어나셨을 때 부인의 어떤 모습을 보시면 '아, 지금 문제가 해결되었구나' 라고 말씀하실 수 있으시겠어요?〈아버지의 기적상황을 구체화〉

아버지 : 제가 아침을 안 먹고 가는 그런 상태가 되니까, 아침에 잠이 많아서 잘 못 일어나고 이 사람도 마찬가지고 그러는

데, 저 같은 경우는 저희 어머니가 잠도 별로 없으시고, 아침에 피곤하다고 그러면 억지로라도 깨워 아침밥 먹여서 보내 주시고 하는 그런 부분이 많이 습관화가 되어 있어요. 좀 그런 쪽에서, 밥을 이렇게 해 놓고 시간적으로 여유 있게 깨워서 "밥 먹고 가시오" 그러면 느긋하게 밥 먹고. 생활습관이 그리되면은 자연히 저녁에 좀 일찍 잠을 자게 되겠죠. 아침에 좀 일찍 일어나고. 그런 부분이 제일 그렇습니다.[아버지의 기적상황은 부인이 차려 주는 아침밥을 먹고 출근하는 것]

치료자 : 어머님께서 밥을 준비해서 잡수실 수 있도록 그렇게 해 주시면, 아버님은 어떻게 하실 거 같으세요?〈아버지의 바람, 즉 기적상황이 실현되었다고 가정한 후 아버지의 행동을 질문〉

아버지 : 지금보다, 지금은 … 아침에 제 기분이 굉장히 나쁩니다. 이 사람도 제가 안 좋은데 좋아할 이유가 하나도 없거든요. 그런 면에서 서로 굉장히 기분이 좋지 않겠는가. 그러면 애들 대하는 부분도 그리되지 않겠는가 ….

치료자 : 그래서 기분 좋게 밥을 해 주시고 드실 수 있도록 배려를 해 주시면 아버님은 어떻게 하세요? 어머니한테?〈아버지의 구체적인 행동을 파악하기 위한 관계성 질문〉

아버지 : 우선 아침에 신경질 틱틱내는 부분부터 풀어지겠죠.

치료자 : 그럼, 신경질 내는 대신 뭘 하실 거죠?〈부정적인 행동의 감소보다는 '대신에' 라는 질문으로 긍정적인 행동을 파악하는 질문〉

아버지 : 신경질을 안 내겠죠. 좋아하겠죠.

치료자 : 좋아하는 걸 어떻게 엄마가 아실까요?〈구체적이며 관찰 가능한 행동을 표현하게 하는 질문〉

아버지 : 우선 당장 신경질 안 내는 부분만 보여도 좋아하지 않겠습니까? 좋은 대화가 나올꺼 같고요.

치료자 : 아, 좋은 대화가 나오고 … 그러시면 어머니는 또 어떻게 하실 거 같으세요? 한 번 가정을 해 보는 거죠. 밥을 하셨고 맛있게 드시고 참 즐겁게 대화를 나눈다. 그럼 어머니는 어떻게 행동을 하실 거 같으세요?〈관계성 질문〉

어머니 : 그럼 저희도 같이 뭐 즐겁겠죠.

치료자 : 예. 즐겁다는 게 그냥 표정으로나 행동으로나 대화로 그런 뜻인가요?〈상황을 구체화〉

어머니 : 네.

치료자 : 그럼 이런 모습을 보고 애들은, 기영이는 어떻게 나올 거 같애요? (기영이에게) 기영아, 엄마, 아빠가 밥 잡수시고 즐겁게 대화하시고 그러면 기영이는 어떻게 행동할 것 같애?〈관계성 질문〉

기　영 : 저도 막 뛰어들고요. 같이 웃고.

치료자 : 그럼, 엄마, 아빠가 같이 밥 잡수시고 웃고 형아도 같이 얘기하고 웃고, 그럼 우리 민우는 뭐하니?〈관계성 질문〉

민　우 : 놀아.

치료자 : 놀아? 그 속에서 놀아?

기　영 : 거실에서요. 그냥 레고 만지고 놀아요.

치료자 : 그럼 이런 일이 최근에 언제쯤 있으셨어요? 이렇게 밥을 잡수시고 ….〈예외상황에 대한 질문〉

아버지 : 아침에 일찍 출근 안 하는 저 뭐 선거일이라든가 주말, 일요일이라든가, 그런 때.

어머니 : 일요일도 아침을 같이 못 먹어요.

치료자 : 일요일도 같이 못 먹어요?

어머니 : 왜냐하면 애들이 일찍 교회를 나가거든요.

치료자 : 스케줄이 다르군요.

아버지 : 예, 예, 그렇습니다.

어머니 : 이사 오기 전에 나갔던 교회는 어른들 나가는 시간이나 애들 나가는 주일학교 시간이 같았기 때문에 그때는 밥을 다 같이 먹었는데, 이사 오고 나서 옮긴 교회는 어른들 예배 시간이 다르기 때문에 애들이 항상 먼저 나가는 편이거든요. 근데 이 사람은 일요일 아침에 일어날 생각을 안 해요. 그럼 뭐 깨우기도 뭣하고, 애들은 배고픔을 못 참아요. 애들은 저녁이면 저녁, 꼭 그렇게 시간에 맞게 먹어야 해요.

치료자 : 결국 아버지가 말씀하시는 그런 기적적인 상황, 작은 기적적인 상황이 최근에는 거의 없었던 거예요?〈예외상황을 끄집어내기 위한 재질문〉

어머니 : 점심이나 저녁은 거의 같이 먹죠. 공휴일, 일요일에는 ….

치료자 : 아버님은 아침에 대해서 중요하게 생각하시는 것처럼 들리거든요?〈아버지의 기적상황에서 아침식사를 중시했음에 주목하여 예외상황을 탐색하려 함〉

어머니 : 그것도 제가 몇 번 하기는 했었는데요. 깨우면은 일어나서 먹으면 괜찮은데, 차려 놨는데도 안 먹으니까 몇 번 하다가는 '먹지도 않고 그냥 가는데 왜 하나' 싶어가지구 손을 놓게 되고.

아버지 : 늦게 일어나니까 그렇지 않은가!

어머니 : 또 여기는 어머님이 그런 식으로 생활을 해 왔고, 저는 저

대로 친정에서는 아침을 안 먹어요. 전 또 거기에 익숙하고 이 사람은 자기대로 그렇고 ….[어머니가 자신과 남편의 원가족경험의 차이를 설명]

치료자 : 다른 질문을 드리겠는데요. 전화를 주시고 '아! 상담 받으러 가야겠다' 그때를 가장 최악의 경우라고 생각을 해서 1점을 주고, '아! 정말로 최고로 좋다'를 10점으로 잡는다고 그러면요. 지금 이 문제에 대해서 몇 점 정도라고 생각을 하세요? 최악일 때가 1점이고 최고다 하는 게 10점이라면 지금 현재 상태가 몇 점 정도?〈척도 질문 - 현재 상태를 점수화〉

어머니 : 한 3, 4점.

아버지 : 저는 한 2, 3점. 저는 그게 꼭 여기 처음 왔을 때의 기영이의 상태라든가 그런 부분으로만 느껴지는데 그게 가족의 변화 상태를 질문하셨다면, '뭐 한 5점 정도까지는 되지 않을까?' 그런 생각이 들었구요.

치료자 : 꼭 어느 한 문제에 집착하기보다는 전반적인 상황을 염두에 두시고 … 지금 마음의 상태가 어떤가에 관심이 있거든요? 지금 어머니 경우는 점수가?

어머니 : 이제 많이 변화하려고 노력하니까 한 4, 5점 정도.

치료자 : 4, 5점 정도. 기영이는 마음 상태가 어때? 기분이?

기 영 : 한 6, 7점.

치료자 : 어, 기영이가 좀 더 높구나. 민우는? 기분이 되게 좋으면 10점이고 제일 나쁘면 1점이고, 몇 점이니? 지금?

민 우 : 음, 모르겠어요.

치료자 : 모르겠어? 한 번 생각해 보자. 일단 모르겠음이라고 적을

게. 그럼 말이죠. 현재 그런 상태가 뭐 4~5점, 5~6점, 6~7점 그런 식인데, 몇 점 정도 면은 '아 … 이제 여기 올 필요 없다' 그렇게 생각하시겠어요? 희망점수가?〈척도 질문: 문제해결이 만족스러운 정도일 때를 점수화〉

어머니 : 8, 9점이면 만족할 ….

아버지 : 전 9점 정도.

기 영 : 저도요, 아빠처럼 9점.

치료자 : 9점. 우리 민우도 바라는 점수를 얘기해 볼까?

아버지 : 민우는 몇 점이 좋아? 모르겠어?

치료자 : 민우는 또 생각 좀 해 봐. 그럼 말이죠, 그 점수가 되기 위해서 얼마나 '노력을 하겠다, 동기가 있다' 라고 생각을 하시는지 묻는다면, 한 몇 점 정도 될 것 같애요? 10점은 '무엇이든지 하겠다, 내가 원하는 것을 얻기 위해서', 1점은 '별로 안 할 것이다' 그렇게 우리가 한 번 점수로 얘기를 해 본다면은 어떠실 것 같애요?〈척도 질문: 문제해결에 대한 동기를 점수화〉

어머니 : 9점 정도까지는 할 수 있을 거 같애요.

아버지 : 지금 한 9점 정도까지. 8점에서 9점. 근데 모르겠습니다. 물론 직장생활을 하는 데 받는 스트레스를 다 버려야 되겠지만은 좀 선천적인 성격이랄까 타고난 부분은 저도 조금 힘들지 않나, 그런 생각이 있어요. 그리고 그것까지 고쳐진다고 그러면 10점인데 그렇지 않은 경우니까 8, 9점.

치료자 : 우리 기영이는 아까 한 9점 정도면은 좋겠다고 그랬거든? 그 9점을 받기 위해서 어느 정도 네가 노력할 것 같애?

기 영 : 10점.

치료자 : 어휴 굉장하구나. 지금 어머니 경우도 한 4~5점, 아버지 5점, 기영이도 6~7점 이런데 갑자기 우리가 4점에서 9점으로 뛰어넘을 수는 없겠죠?〈가족의 문제에 대한 현재점수와 해결 시 점수 간의 차이를 언급〉 그래서 숫자상으로 얘기를 한다고 그러면, 뭘 보시면 '1점이 높아져서 우리 집이 6점이구나' 라고 얘기를 하실 수 있으실 거 같으세요?〈문제해결 점수를 향해 한 단계씩 높아질 때 볼 수 있는 행동을 질문〉

아버지 : 저는 일단 집사람과의 대화가 좀 많아지는 부분, 대화가 있어서 서로 교감을 느끼는 부분. 그래서 요즘 대화를 나누려고 노력을 많이 하고, 분위기가 얼굴 보고 대화를 해야 되는데, 저는 술 한 잔 먹으면서 하고 싶어 하고 이 사람은 저 밥 먹는데 뒤에다 대놓고 얘길 하는 경우가 있다는 거죠.[아버지의 바람: 부인과의 대화] 쉽게 얘기를 하면, 같이 앉아서 같이 식사를 하면서, 제가 볼 때는 TV를 없애 버려야지 이게 제일 ….

어머니 : 근데 사실 식구들 중에서 TV를 제일 많이 보는 사람이 아빠예요.[아버지의 바람과 아버지의 행동이 상반됨을 지적]

치료자 : 그 점에서는 갈등이 있으시겠네요.

어머니 : 예. 그게 거의 어느 정도냐면요. 외출해서 들어오잖아요. 그러면은 TV부터 켜 놓고, 보든지 안 보든지, 듣든지 말든지 간에 켜 놓고 옷을 벗는다든가, 그러고 잘 때도 그걸 켜 놓고 잠이 들어요. 그래서 잠이 들었다 싶어서 끄면은 또 깨거든요. 그 정도로 제가 생각하기에는 약간 중독이 된 정도로 TV를 제일 좋아하는데 ….

치료자 : (아버지를 보며) 그게 지금 바라시는 건가요? 같이 식사를

하면서 교감이 오가는 대화를 했으면 좋겠다는 얘기인데, 어머니는 지금 어떤 일들이 일어난다고 하면 '6점이다' 라고 얘기하실 수 있겠어요?〈아버지의 목표를 재확인하면서 아버지와 어머니의 목표가 같은지를 확인〉

어머니 : 저도 뭐 그런 부분.

치료자 : 어머니도 그런 걸 원하시고 계시군요. 그런 게 일어나면 6점이다. 아 … 이렇게 일치하기가 참 쉽지가 않은데.〈아버지의 목표에 동의, 부부의 목표가 일치함을 인정〉 기영이는 지금 5점인데 6점으로 조금 나아지면 우리 집에서 어떤 일들이 일어나고 있을 거 같애?〈내담자가 목표를 향해 한 단계(1점) 올라갈 때의 행동을 파악하는 질문〉

기　영 : 서로요 장난도 좀 치구요, 그리고 또 뭐 같이 웃고 그냥 가족끼리요. 예를 들어서요, 아빠가 TV를 보고 있는데 엄마가 밥상을 갖고 오면요, 엄마가 "드세요" 그러면 아빠가요 "고맙다" 인사하고, 저는 동생이랑 싸우지도 않고. 그냥 한마디로 말하면요, 서로 웃는 ….[내담자의 목표상황]

치료자 : 아하, 웃는 모습이 많이 보였으면 좋겠다. 그러면 6점이다. 기영이가 굉장히 관찰력이 있구나. 제가요 지금 저희 팀을 만나고 왔으면 싶은데 혹시 또 빠트린 말씀이나 중요한 말씀이 있으시면 하셔도 좋고 ….〈보충 질문〉

기　영 : 제가요, 아빠랑 엄마가요, 밖에 나가서 일 안 하시구 집에 있구요. 돈이 생겨서 직장 안 가고 그랬으면 좋겠어요.

치료자 : 엄마, 아빠랑 같이 많은 시간을 보내고 싶어서 그러니? 그렇구나. 그럼 진짜 기적이겠다. 그치?〈내담자의 소망을 수용〉

기　영 : 예.

치료자 : 제가 잠깐만 나갔다 오겠습니다.

메시지

우선 어머님, 아버님께서 각각 굉장히 노력을 많이 하셨어요. 그리고 생각만 하신 게 아니라 실제 행동으로 옮기셨다는 것. 구체적으로 어머니의 경우는 강요 안 하시고, 대신 책 보시고 마음 편하게 지내신 것, 아버지의 경우는 애들하고 놀아 주려고 농구공까지 사 가지고 오신 것에 선생님들이 모두 놀랐습니다. 어머니, 아버지께서는 관찰력이 굉장히 뛰어나신 것 같습니다. 내 행동이 어떻게 아이들한테 영향을 미치는가를 알고 그것을 줄이려고 하시는 점도 돋보였습니다. 3주 동안 너무나 많은 변화가 있었고, 또 많은 걸 시도해 보았기 때문에 전망이 밝다고 보아집니다. 기영이 같은 경우는 표현력이 매우 강하고, 말도 잘 하고 생각도 깊고, 민우도 나이에 비해 말도 잘 듣고, 예의도 바르고 … 애들이 스스로 그렇게 크는 게 아닌데 … 부모가 아이들을 '참 잘 키웠다' 라는 생각을 했습니다.〈칭찬〉

가정이 화목하고 분위기가 좋아지면은, 가족에게도 서로 좋은 영향을 미치지요… 부모님께서는 자식에게 최선의 것을 해 주시려는 마음이 깊으시고 또 그렇게 하실 능력이 있으시기 때문에 다음에 오실 때까지 해 보실 과제를 주려고 합니다.〈연결〉

현재 상황보다 1점이 더 늘었을 때의 모습을 상상하여, 그때 할 수 있는 행동들을 각기 한 번씩 해 보고, 그것을 잘 관찰하셨다가 다음에 오실 때 말씀해 주십시오.〈과제부여〉

치료자의 의견

1. 이 사례에서는 상담을 받고자 전화할 시점의 상태를 1점으로 보고하였는데, 1회 상담 중반에 이미 4~5점에서 6~7점이라고 가족들이 답한 것에서 예후가 좋을 것으로 보임.
2. 처음에는 내담자의 틱 증상 소거가 목표로 제시되었으나 기적 질문에서 조그만 기적에 대해 다시 질문한 결과 부부간의 대화문제가 거론됨. 이는 한 가족 성원의 문제를 가족체계론적 관점에서 살펴보아야 함을 보여 주고 있음.
3. 부모의 부부간 문제가 원가족에서의 경험과 학습이 다르기 때문으로 유추됨.
4. 전반적으로 내담자의 어른스러운 행동에 대해 부모가 걱정하며 문제시하는 것을 치료자가 이해, 수용하면서 오히려 문제시되는 내용을 긍정적인 내용으로 재구성함.
5. 부모 각자가 자신의 자녀양육 방법이 내담자에게 영향을 미침을 알고 변화하려는 노력과 시도가 있어 목적 성취가 빠를 것이 예측됨.
6. 문제해결에 대한 가족의 동기가 8~9점, 9점, 10점으로 매우 높아 긍정적인 변화가 있을 것으로 생각됨.
7. 메시지 전달 시 자녀에 대한 칭찬을 통해 부모를 간접적으로 칭찬함.
8. 칭찬의 경우 치료자 개인이 느낀 것만이 아니라 팀의 선생님들과 함께 보고 느낀 것이라는 점을 시사함으로써 칭찬의 효과를 극대화함.

제2회

◈ 참석자 : 내담자, 아버지, 어머니, 조민우

치료자 : 2주일 만에 뵙는데요. 그동안 뭐가 조금 달라졌거나 좋아졌는지요?〈변화에 대한 질문〉

어머니 : 뭐 마음, 기분이요. 억지로라도 화를 내지 말자 하니까 화를 낼 일이 있어도 좀 참게 되더라구요. 저희들도 많이 노력을 하는데, 기영이한테도 그런 얘기를 했거든요. 풀어지는 거 같애요. 제가 느끼기에 ….[부모의 노력결과에 대한 반대급부 상황을 표현]

치료자 : 아, 그렇게 노력을 해서 참으니까 오히려 애가 너무 풀어지는 거 같다는 건가요?[어머니의 설명을 요점 정리]

어머니 : 예, 지가 꼭 해야 할 일, 그 다음에 또 엄마랑 아빠랑 규칙으로 지키자고 정한 일, 예를 들면 아홉 시가 되면 잠자리에 들자, 지가 해야 될 거 뭐 학원을 간다든가 집에선 눈높이 선생님 오신다든가 하면 반드시 지가 해야 할 양을 다 해놓고 선생님을 기다려야 하는데, 그게 좀 잘 안 되고 있어요. 그래서 제 생각에는 그렇게 마냥 풀어 줘도 괜찮은 건지 ….[내담자에 대한 어머니의 불만과 불안을 표현]

아버지 : 그게 소위 권한이 주어지면 그만한 책임을 져야 한다는 부분이랄까요. 물론 너무 자유방임이 되어 버리면은 그 부분이 부모 입장으로서 상당히 염려스럽다 그런 거죠.[어머니의 염려에 대해 아버지가 동의] 한마디 척 하면은 본인이 좀 알아듣고 내 할 일은 내가 해 놓고 내가 요구할 것은 요구하는 식이 되어야 하는데,[내담자가 나이에 비해 어른스럽다고

보는 부모의 시각과 불만은 내담자가 스스로 알아서 해야 한다라는 높은 기대와 상반됨] 물론 나이가 더 들고 자기 나름대로 알게 되면 자연스럽게 되는데, 지금 뭐 초등학교 3학년한테 그런 부분을 요구한다는 거 자체가 좀 무리가 있긴 한데, 저는 잘 되리라 봅니다[부모가 자기모순을 발견]. 너무 자기 고집만 주장해서 안 하는 그런 스타일은 아니고 얘기를 ….

치료자 : 어디서 그런 느낌을 받으셨어요? 얘기를 하면 그래도 좀 알아듣는다라는 ….[부모가 걱정하는 부분을 수용하면서도 아버지의 말 속에서 내담자의 긍정적인 측면을 찾음]

아버지 : 예. 문득 생각나는 부분이라면은, '일찍 좀 자야 내일 아침에 일찍 일어나서 활동할 때 피곤하지 않게 할 수 있지 않느냐?' 하면 본인이 판단했다가도 좀 더 시간을, 제가 9시로 정해 놓고 있는데, 말은 그렇게 하지만은 제가 마음속으로 10시 정도로 생각하고 있으니까, 어느 정도는 동생하고 장난도 치다가 책 좀 보다가 테이프도 듣다가 그러고 잠을 자는데, 그게 새로 손님이나 친척이 오지 않으면 자기 리듬으로 가더라구요. 인제 그런 부분을 점점 좋아지는 걸로 느끼고 있고 ….[아버지는 치료자가 제시한 맥락 속에서 내담자가 잘한 점을 발견하기 시작]

치료자 : 아, 그러니까 좋아지는 부분은 아버님이 대충만 얘기해도 알아듣는다, 그런 건가요?〈아버지의 설명을 재정리〉

아버지 : 네. 그런 면도 있는데, 좀 못 알아듣고 자기 고집을 내세우는 부분들도 있죠. 예를 들면, 오락기를 사 달라 해서, 좋다 네가 한 시간 정도만 하고, 특히 시력도 안 좋은데, 자기자신이 한 시간이라는 부분을 딱 지켜가지고 시계 보

고, 눈이 피곤하다 싶으면 딱 그만 두면 되는데,[불만스러운 내담자의 행동을 구체적으로 설명] 그 부분은 사실 어른들도 좀 하기 힘든 거지만 … 사주고는 싶지만은 본인 자신을 위해서는 좀, 기영이의 입장에서는 하고 싶은 거를 안 사주고 하니까 불만이 생기겠죠.[내담자의 입장을 이해]

어머니 : 눈도 눈이지만 전자파가 괜찮을까 싶기도 해요.

치료자 : 그렇죠. 기영아, 엄마, 아빠 말씀 지금 잘 들었지?〈부모의 걱정을 인정, 내담자가 부모의 입장을 이해하고 있는지를 점검〉

기 영 : 예.

치료자 : 아버님, 어머님 말씀을 들으니까 자식에 대한 깊은 사랑을 느낄 수가 있어요. 해 주고 싶지만은 건강을 생각해서 그렇게 말씀하시는 것으로 들리구요. 또 참 합리적이신거 같애요. 뭘 요구를 하시면서도 사실 또 제 나이에 비해서 조금 힘들 텐데 그러면서 조금 물러서 주시기도 하고〈부모를 칭찬: 부모의 걱정과 행동을 정당화시킴〉, 기영아, 들으니까 어때? 2주 동안에 너를 위해 엄마, 아빠가 노력을 많이 하셨거든? 엄마, 아빠가 그렇게 해 주시니까 어땠어?〈관계성 질문〉

기 영 : 좋았어요.

치료자 : 좋으면 어떻게 하지? 우리 기영이는?〈행동으로 표현하도록 함〉

기 영 : 저두요, 아빠나 엄마가 뭐 시키면은요 막 싫다고 투정하지 않고 그냥 하니까.

치료자 : 아, 그럴 수 있었어?〈내담자의 자기 행동에 대해 의지와 통제능력을 부여〉 엄마, 아빠가 그렇게 참아 주시니까 기영이도 신

경질 안내고 잘 할 수 있었구나. 굉장하네.〈내담자를 칭찬〉 뭘 또 잘 할 수 있었어? 엄마, 아빠 말씀 잘 듣고 할 수 있었고 … 그게 딴 때 하고는 다른 것이었어?〈예외상황을 더 많이 찾아내도록 함〉 다른 때는 그렇게 잘 하기 힘들었어?

기 영 : 아니요. 힘이 들지 않았는데요.

치료자 : 우리 민우는 어때 얘기 좀 해 볼까? 2주 만에 왔지?〈상담상황에 남동생을 참여시킴〉

민 우 : 유치원에서요, 기분이 좋은 거 같았어요. 선생님이요. 선생님이 어 … 오리기 잘한다고.

치료자 : 어, 선생님이 칭찬해 주셨구나. 칭찬해 주니까 기분이 좋지? 애들뿐만 아니고 어른도 칭찬해 주면 기분이 좋아. 응. 그랬구나.〈동생의 기분을 인정〉 엄마, 아빠가 이렇게 형아한테도 화 안 내시려고 참으시고 그러니까 어땠어? 민우는 옆에서 보기에?〈관계성 질문〉

민 우 : 조금 기분 좋았어.

치료자 : 기분 좋았어? 우리 민우가 그래도 많이 봤네. 안 보는 척하면서 많이 봤어.〈인정, 칭찬〉 부모님께서는 변화된 것에 대해서 굉장히 많이 알고 계시고 좋아하시면서도 한편으로는 걱정되시는군요.〈변화에 대한 내담자의 불안을 수용〉

아버지 : 저 같은 경우에는 좀 느끼는 부분이, 제가 좀 소리를 잘 질러요. 소리를 빽 질러버리는데 … 제가 반대로 당해 본 경험이 있었는데 그걸 느껴 보니까 '참 이게 소리 지른다는 게 상대방한테는 굉장히 정신적으로 스트레스를 주고 긴장을 주는 거구나' 하는 걸 많이 느꼈어요. 아무리 친하고 부부간이고 부자간이고 하더라도 소리 지르면 거부감이

많이 오겠구나라는 걸 많이 느꼈고, 될 수 있으면 천천히, 안 지르고 얘기해야 되겠다는 걸 많이 느꼈어요.[아버지가 자기행동의 영향을 인식 → 반성의 계기가 됨]

치료자 : 지금 그런 장면들을 느끼셨고 경험하셨기 때문에 그런 것들이 부인이나 아이들하고의 관계에 많이 영향을 미치고 있는 것 같으세요?〈아버지의 자기 행동에 대한 재인식이 부인 및 아이들과의 관계에 미치는 영향을 묻는 관계성 질문〉

아버지 : 좀 물어 보십시오(기영이를 보며). 저는 좀 그런 느낌을 받는데 …

치료자 : 예. 기영아, 아빠께서 고함 지르시는 거 자꾸 안 하시려고 하는데 그럴 때 기영이는 어땠어? 옛날하고 다른 게 뭐야?〈관계성 질문을 통하여 과거와 현재의 차이를 질문〉

기　영 : 아빠가요, 옛날에는 막 소리 … 막 때리진 않구요, 소리는 질렀거든요. 요새는 좀 안 그랬어요.

치료자 : 어, 그러니까 어때? 옛날에 소리 지를 때는 기분이 어땠어?

기　영 : 안 좋았어요. 겁났어요.

치료자 : 겁이 났었어. 지금은 안 지르시니까 어때?

기　영 : 아빠가 안 무서워요.

치료자 : 안 무서워. 안 무서워지면 아빠랑 뭘 할 수 있지?〈예외인 긍정적 상황에서 할 수 있는 일 파악〉

기　영 : 농구 같은 것도 하고 노는 것도 같이 ….

치료자 : 농구 같은 것, 노는 것도 같이 할 수 있구나. 아버지께서 그렇게 하시니까, 아이들 반응이 오잖아요? 그래서 좋은 시간, 함께 하는 시간을 가지니까 어떠세요?〈가족의 행동이 상호영향을 미침을 지적〉

아버지 : 저도 뭐 전체적으로 가정이 이 정도라도 화목해지고, 좀 더 부드러워지고 좀 더 밝아지는 거 같고, 애들이나 어른이나 똑같이 감정을 안 건드리는 쪽으로 얘기를 하고 대화를 하다 보니까 아무래도 마음도 많이 편하고. 사실 제가 회사에서 받는 스트레스의 일부를 집에서 풀어버린 적도 좀 있었던 거 같애요. 예를 하나 들면, 일요일 날 오후쯤 되면은 배가 아프고, 월요일 날 생각을 하다 보니까 … 옆에서 얘기하는 게 상당히 짜증스럽게 들려요. 집에서는 새벽 3, 4시에도 못 자고 이런 경우도 있고 해서 될 수 있으면 강제로라도 생각하지 말고 집에 와서는 집 일만 생각하자라고 … 좀, 자신에 대해서도 변화된 부분이죠. 그러다 보니까 분위기 자체도 좋아지는 거 같애요. 그러다 보니까 기영이도 제가 손 이렇게 싹 들면 때리는 줄 알고 피하는 부분, 그런 부분이 참 마음이 아팠는데, 제가 좀 알고 느끼고 나서부터는 지금은 손 이렇게 하더라도 약간 인제 좀 ….
[가족의 긍정적 변화에 대해 언급]

치료자 : 반응이 달라지는군요.

아버지 : 벌써 좀 그런 게 오는 거 같아요. 그래서 뭐 아버지 된 입장으로서는 애가 뭐 성격 자체가 나쁘진 않으니까, 자유방임형이 되더라도 지가 깨달을 때가 되면 느끼지 않겠느냐 하는 그런 걸로 마음을 좀 다져 잡았습니다. 물론, 속에서 부글부글 끓을 때도 있죠. 그렇지만 뭐 모른 척하고 그냥 삼키고 그러는 게, 참 지금 치료하는 부분에서 많이 도움을 받지 않았나 … 사실 부모의 욕심으로서는 당장 싹 고쳤으면 좋겠죠. 그치만 평소 큰 소리 안 지르고 기영이가

원하는 쪽으로 마음을 맞춰 주면은 좀 좋아지지 않겠는가 … 그걸로 인한 스트레스니까. 그렇다면은 그런 부분에 대해서는 전혀 기영이한테 스트레스를 안 주는 쪽으로 가 보자.

치료자 : 어머님이 보시기에는 아빠가 많이 노력을 하시고, 어머니도 물론 노력을 하시지만, 같이 노는 시간도 가지시고, 일이 많으신 데도 불구하고 하셨잖아요. 그런 것이 아이들에게, 특히 기영이에게 어떻게 도움이 된다고 생각하시나요?〈아버지의 행동이 내담자에게 영향을 미치는 정도를 어머니의 지각을 통해 파악하려는 관계성 질문〉

어머니 : 그렇죠. 당장 그 머리 흔드는 게 없거든요. 저도 물론 노력을 하지만은 아빠의 변화하는 부분, 그걸 요즘 많이 느껴요.[목적이 어느 정도 성취되고 있음을 언급]

치료자 : 아, 아빠가 변화하는 부분이 기영이한테만 영향을 미치는 거라기보다는 엄마한테도 영향을 미친다고 보고 계시는군요. 그럼 그게 순서가 이렇게 둘이 관계가 변하니까 엄마한테 영향을 미치는 거예요, 아니면 아빠가 엄마에게 다르게 또 영향을 미치는 거예요?〈아버지의 변화가 부모관계 또는 어머니와의 관계에 미치는 영향 경로를 파악〉

어머니 : 그건 잘 모르겠는데, 아무튼 많이 달라졌어요.

치료자 : 아, 그렇군요. 그러니까 어머니가 좀 어떻게 대하게 되세요? 기영이한테는?〈내담자에 대한 부모의 변화를 구체화시킴〉

어머니 : 기영이한테는 이전에 본래 강요하던 그게 한 뭐 8~9점 정도라면 지금 한 4~5점 정도로 줄었고, 그래도 제가 숙제 같은 것도 글씨 못 쓰고 다시 하라고 그러면 옆에서 아빠

가 같이 하고 그래요.[어머니가 자신의 변화를 점수화시킴]

치료자 : 그러니까 어떻게 없어요? 기영이가? 자기가 조금 자발적으로 하는 거 같애요?〈어머니에게 내담자의 변화를 물음〉

어머니 : 글쎄 뭐 지가 하고 싶은 거, 예를 들어서, 노는 거 하고 싶은 거는 자발적으로 좀 하게 되는데 아무래도 하기 싫은 거 그런 거는 계속 좀 안 되고, 투덜거리면서 억지로 하죠.

치료자 : 지금 현재 보면은 그게 계속 아빠도 엄마도 염려하시는 거고, 결국은 대부분의 부모들이 다 염려하는 건데 … 지금까지 해 온 바로는 잘 되고 있잖아요. 야단을 치건 안 치건. 근데 옛날 야단 칠 때는 ….〈현 상태가 긍정적인 상태임을 상기시킴〉

아버지 : 근데 부모 입장으로서는 잘 되고는 있는데 좀 더 잘 되고 싶은 욕심이 먼저 아닙니까? 제가 느낄 때는 그렇습니다. 애가 열 살 치고는 잘 하는 거 같애요.[부모로서의 욕심을 표현하면서도 아이의 행동을 나이와 비교하여 인정함]

어머니 : 제가 일을 안 했을 때는 못 느꼈는데요. 일을 하니까 작년 같은 경우는 1학년부터 5학년까지 담당을 했는데, 걔네들을 상대하면서 애랑 비교를 해 보면 진짜 우리 애는 너무 어른 같은 애였던 거 같아요.

치료자 : 아, 그러세요. 그 어른 같다는 거는 어떤 의미예요?〈어머니가 사용한 단어의 의미를 파악하는 질문〉

어머니 : 그러니까 좋은 의미로는 너무나 예의도 바르고 생각도 깊고 그런 의미고요, 나쁜 의미로 보면 좀 애 어른 … 좀 그런 게 있었어요. 지금 3학년 담당하는데 지금 담당하고 있는 애들이 너무 애기 같애요. 물론 덩치도 애보다 훨씬 작

고 하는 짓도 보면 너무 애기 같거든요.

치료자 : 그게 도움이 많이 되시겠네요. 어머니가 비교를 하면 …. 〈어머니 경험의 유효성을 인정〉

어머니 : 예. 애랑 비교를 하면 뿌듯한 면도 있으면서 '내가 많은 거를 요구했구나' 그런 생각도 많이 들어요.[어머니의 내담자에 대한 사랑과 지나치게 요구적인 자신의 양육방식에 대한 지각]

치료자 : 예. 저, 기영아, 지금 엄마 말씀 듣고는 어때? 어머니가 학교에서 경험을 해 보시니까 우리 기영이가 굉장히 잘하는 면도 많다는 말씀도 하시는데, 그 말씀 듣고 기분이 어때?〈어머니가 내담자에 대해 긍정적으로 느끼는 부분을 가려내어 내담자에게 전달〉

기 영 : 되게 좋아요. 조금 비정상이라고 생각이 되어요. 제가요. [부모의 말과 생각에 매우 민감함]

치료자 : 왜?

기 영 : 엄마가요, 너무 제가 어른스럽다고 하시니까요.[어머니가 말한 내용 중 부정적인 표현에 민감함]

치료자 : 그게 어른스럽다는 게 꼭 뭐 비정상이라는 뜻으로 생각되기보다는 그동안 엄마, 아빠가 너희들을 굉장히 잘 키워 오신거지.〈긍정적인 해석, 부모에 대한 간접적인 칭찬〉

기 영 : 조금 다른 보통 애들보다는 제가 훨씬 점잖다고 생각이 되어요.

아버지 : 네가 생각해도 그렇게 생각이 되는가 보다.

치료자 : 그래도 기영이가 참 생각을 많이 하고 있는 거 같애. 그런 측면에서 엄마, 아빠가 많은 일을 하신 거 같고. 그래서 요즘 애들 보시니까 비교를 하게 되고.〈내담자에 대한 칭찬

이 부모에게는 간접적인 칭찬이 됨〉 제가 본 경우인데요. 어머니가 계속 아이들을 좀 닦달을 하셨어요. 그런데 사실은 깊은 정 때문에 그러는 거죠. 가만히 있는 부모가 어디 있습니까? 그런데 그 어머니가 여기 원장선생님의 딸을 보고 깨달은 거예요. 그 딸이 머리를 염색하고 찢어진 청바지를 입고 여길 들어왔거든요. 엄마는 정신과 의사인데 저렇게 해도 가만히 두고 있는 엄마를 보고 거기서 깨달음이 와서 자기가 많이 도움 받았다고 얘길 하더라구요. 그게 참 인상적이었어요.[교육적인 내용-자식이 완벽하기를 요구하거나 부모의 틀에 맞추기를 바랄 때 문제가 생길 수 있음을 비유]

어머니 : 요새 인기 많은 패닉인가 그 가수 엄마가 여성학자라고 들었어요. 텔레비전에도 자주 나오신다고 그러는데 그 아들이 지금, 달팽인가 하는 그 노래 부르는데 막 이상하게 하고 나와요. 그 얘기를 하면서 애를 키울 때 절대로 이렇게 해라 저렇게 해라 해 본 적이 없데요.

치료자 : 그런데 그렇게 할 때 방향 제시는 해 주죠. 무조건 방임하고는 다를 거 아니예요. 우리가 아이의 자질이나 그런 거는 받아 주고 수용해 주고 그것이 더 꽃을 피울 수 있도록 도와주는 것이지, 그대로 모른 척하는 것은 아니기 때문에.[방임과 적절한 지도 및 수용과의 차이를 지적]

아버지 : 그거는 안 되지요. 완전히 제약 없이 혼자 그냥 팽개친다는 거는 얘기가 안 되는 거고, 사실 저도 성격상으로 요즘 젊은 애들 물론 또래가 똑같이 느끼겠지만 참 못 받아들이거든요. 저 같은 경우는 원인 중에 하나가 장남으로 컸다는 부분이 아닐까 싶어요. 참 못 보겠더라구요.

치료자 : 그렇죠. 받아들이기 어렵죠.〈인정과 수용〉
오늘 이제 두 번째고, 사실 뭐 시작한 지 오래되진 않았지만은 어머니, 아버지가 보시기에는 지금 이런 상태가 계속되면 여기 오신 목적이 어느 정도 성취된 것으로 보시는 건지?〈목표의 재확인〉

아버지 : 저는 그렇게 생각을 하고 있습니다.

치료자 : 지금 현재 원래 가져왔던 문제라고 그럴까요? 그것을 1점에서 10점, 10점은 만족이라고 한다면 한 몇 점 정도이신 거 같애요?〈척도 질문: 현재 상태를 점수화〉

어머니 : 저한테는 한 7, 8점.

아버지 : 저도 비슷하게 생각을 합니다. 틀림없이 아마 그거를 물어보시지 않겠나 생각을 해서 나오기 전에 미리 생각을 하고 있었습니다.

치료자 : 아, 그러셨구나. 그렇게 진도가 빠르셔 가지고, 제가 못 따라가겠네요.〈변화를 위한 부모의 노력 정도가 매우 큼을 시사〉
우리 기영이는 어때?

기 영 : 6, 7점.

치료자 : 6, 7점. 민우는? 우리가 무슨 소리 했는지 알아?

아버지 : 관심 없어요.

치료자 : 애들이 참 밝고, 가족이 힘이 있는 거 같애요. 그렇기 때문에 '굉장히 전망이 밝다' 라고 얘기를 할 수가 있겠는데요. 저번 때 자료를 보면, 엄마 같은 경우는 8, 9점, 아빠는 9점 정도 그렇게 희망을 하셨거든요? 우리 기영이도 9점 정도. 어머니, 아버지도 지금 이런 것이 계속되면은 원하시는 것을 얻을 수 있을 거 같다고 말씀하셨는데, 다른 말

로 하면은 9점으로 올라가겠다라는 건데, 이제 2점 정도 차이거든요? 어머니께서는 어떻게 생각하세요?〈부모가 원하는 방향으로 가고 있는지를 체크〉

어머니 : 저도 그렇게 생각해요.

치료자 : 예. 기영이는 어때? 지금 이렇게 엄마, 아빠가 많이 애써 주시고 또 배려도 해 주시고 계속 우리 기영이하고 함께 놀아 주신다든지 좀 참아 주신다든지 그렇게 하시는데, 엄마, 아빠만 노력하는 게 아니라 기영이도 그런 노력을 많이 하고 있는 거 같거든? 이런 것이 계속되면은 다시 올 필요 없을 것 같애? 어때?〈내담자에게도 현재까지 해 온 가족의 행동이 목표 달성의 길로 가고 있는지를 체크〉

기 영 : 아니요. 그래도 와가지구요, 좀 하는 게 좋을 거 같애요.

치료자 : 뭘 하는 게 좋을 거 같애?

기 영 : 여기서요, 선생님이 뭐 알려 주시고요, 많이 물어 보시고요. 제가요, 오락기 같은 걸요, 엄마나 아빠가 만약 사 주면요, 사 주시면 그걸 원하는 대로 할 수 있었으면 더 좋겠어요. 제 생각에는 ….[내담자가 상담시간에 할 수 있는 일들에 대해 언급]

치료자 : 어, 그렇구나. 그렇게 '엄마, 아빠가 믿어 주셔도 좋다' 그런 애기인 것 같네.〈내담자의 의견을 재해석하며 명료화함〉 당장은 아니더라도 그런 마음을 엄마, 아빠가 아시면은 일단은 네 뜻을 전하는 거니까 … 참 발표력이 있어요. 말하는 투도 보면은 엄마, 아빠께서 애를 많이 쓰신 거 같아요.[내담자의 장점 뒤에는 부모의 노력이 있었음을 시사]

아버지 : 전, 참 많은 변화가 온 것 같습니다. 생활에 대해 생각을

해 보면은 결혼해서부터 쭉 … 경상도 사람이다 보니까 남존여비 사상이 굉장히 강한, 참 성격 자체가 아주 여자를 무시하는 쪽의 성격에 저 자신도 모르게 많이 베어 왔었어요. 그건 어쩔 수 없잖습니까? 성장을 그렇게 하다 보니까. 아버지께서는 "내가 네 엄마한테 하는 것처럼 너의 집사람한테 그렇게 하면 안 된다" 또 어머니도 "너 그거는 옛날 여자들이 그냥 참고 살아 온 거지 요즈음엔 그렇게 하면 안 된다"고 이 사람 없을 때 저한테 말씀을 많이 해 주셨는데도 은연중에 그런 습성이 나오더라구요. 장남이 되다 보니까 더 그런지는 모르겠습니다만, [아버지가 자기 원가족의 가르침을 설명] 그런 부분이 이제는 변하지 않으면 안 된다는 그런 절박한 상황이랄까, 제 자신도 많이 변화가 오는 걸 느끼겠습니다.[이제는 변해야 하고 변할 수밖에 없는 상황을 인식]

어머니 : 그것 때문에 사실 참 많이 부딪쳤어요. 저는 친정집이 그런 분위기가 아니거든요. 아버지가 엄마를 존중하시고, 제 자신이 장녀고 아버지가 늦게 결혼하셔서 저를 늦게 보셨기 때문에 딸이라고 해서 아들이랑 차별을 한다든가 뭐 그런 게 없고, 오히려 남동생보다 더 저를 믿으시고 지금도 제 의견이 많이 중요한 그런 분위기에서 자랐는데, 결혼을 해 보니까 안 그렇더라구요. 그것 때문에 참 ….[어머니가 자기 원가족에서의 학습과 경험을 설명]

치료자 : 어려우셨겠네요. 어렵긴 사실 피차 마찬가지지요. 아버지께서도 안 하던 것을 하시게 됐구요. 그런데 아버지는 언제 그 깨달음이 오셨어요? 평생을 살아도 못 깨닫는 사람

들이 있거든요.[어머니의 상황을 이해하고 인정함과 동시에 아버지의 어려움에 동감하며 이해, 아버지의 변화에 대한 인정]

아버지 : 지난번 상담을 하고 나서 문제가 이게 부모한테서 먼저 오는 부분이 있겠다는 것이 발단이 되어 가지고 물론 전체는 아니겠지만 문제 부모에 문제아라고나 할까요. 그런 부분에 대해 좀 생각을 혼자 했었습니다.[아버지가 내담자 문제의 원인에 새로운 관점을 가짐]

어머니 : 그래서 저는 너무 만족하는게요, 처음에 아빠가 인제 막상 딱 오기 전에 예약하고 테스트 하고 할 때, 비싸다구 뭐 알아보지도 않고 그냥 아무데나 가서 했다구 부정적으로 얘기를 했었어요. 근데 막상 결과를 보니까 너무나 정확하게 집어내시고 문제점을 딱 말해 주시니까 제가 느끼기에도 여기 와서 좀 충격을 받으신 거 같애요.

치료자 : 그런 면에서 기영이가 도움이 되었네요.

아버지, 어머니 : 그렇죠.

치료자 : 안 그러면은 정말 발등에 불이 떨어질 때까지 있었을 텐데 ….

어머니 : 저는 지금 너무나 만족하는게, 기영이도 기영이지만 부부문제가 서서히 해결되니까.[부부문제가 해결되기 시작함을 지적]

치료자 : 그래서 보통 저희가 하는 말로 상담실 문을 두드리면 이미 문제가 반은 해결됐다고 얘기하고 있습니다. 그런 의미에서는 오히려 ….[상담효과의 주체는 부모임을 시사]

아버지 : 그렇죠. 사실 그렇게 겪지를 않으면 절대로 안 될 것 같애요. 저는 오기 전까지만 하더라도 '뭐 습관인데 그런 거

좀 잘 해 주면 되지 뭐' 건성으로 생각을 했었어요. 근데 그게 순간적으로 그런 틱 행동을 봤을 때는 또 지 성질대로 나가는 거죠. 많이 깨달았어요. 기도를 한다고 해도 이런 부분이 사실 근본적으로 원인을 알아가지고, 자꾸 이렇게 살펴나가고 고쳐나가고 이래돼야 하는 건데 뭐 모르는 상태면은 안 되겠더라구요.

치료자 : 깨달음이 먼저 와야 되는 건데, 또 다 이렇게 갖춘 게 있으시니까 금방 이렇게 되는 거죠.〈문제상황이 호전되고 있음을 부모의 공으로 돌림〉 아, 그러면요, 제가 잠깐 팀을 만나고 왔으면 싶은데요. 혹시 조금 더 하시고 싶으신 말씀이 있으시거나 ….〈메시지 전달 이전의 질문〉

아버지 : 고쳐야 될 부분이 있다면은 좀 더 충고를 해 주시면은 좀 더 잘 되기 위해서 노력을 한 번 해 보도록 하겠습니다.

치료자 : 기영아, 뭐 더 얘기하고 싶은 거 있어? 아까 일부는 조금 들은 것 같고 … 우리 기영인 엄마, 아빠랑 같이 이렇게 좀 더 왔으면 좋겠다, 뭐 그런 얘기를 한 것 같은데?

기　영 : 이제 뭐 다른 거는 없구요. 하여간 나쁜 점은 없어요. 아빠랑 엄마가요, 오락기만 사주면요.

아버지 : 그러면 9점으로 딱 올라가겠네.

치료자 : 뭐지? 민우? 한마디 하고 싶어? 선생님 잠깐 나갔다 오기 전에?

아버지 : 엄마, 아빠가 너한테 어떻게 해 줬으면 좋겠어? 형한테 할 얘기도 있을 거고, 형은 또 동생한테 할 이야기도 있을 거고.

어머니 : 민우는 엄마, 아빠가 어떻게 해 줬으면 좋겠어?

민 우 : 놀아줘.

어머니 : 많이 놀아 주잖아.

치료자 : 예. 잠깐 다녀오겠습니다.

메시지

어머니, 아버지가 굉장히 많은 생각을 해 오신 것이 인상 깊었고, 또 그런 생각들을 행동으로 옮기는 데도 참 빠르셨던 것 같습니다. 생각해 보면 그 패턴을 바꾸는 게 쉽지가 않거든요. 그럼에도 불구하고, 아이들에게 많은 것을 베푸시고, 참으시면서 그게 또 어떻게 영향을 미치는지를 잘 알고 계신 것 같아요. 관찰력도 뛰어나시고요. 그리고 어머니, 아버지가 각각 자라 온 성장배경이 다르시잖아요. 그런데도 그 과정을 이해하시고, 또 차이점도 어느 정도 수용을 하시니 상대방을 보는 눈도 달라지고, 그러니까 더 쉬워진 것 같습니다. 또 그렇게 하시니까 기영이도 가만히 있지 않네요. 엄마, 아빠의 속마음을 알고 … 나이에 비해서 굉장히 애가 성숙한 것 같습니다. 그런 것들이 정말 엄마, 아빠가 장남, 장녀로 자라 오면서 받아 온 것들 중에 좋은 것만을 다 골라서 자식들에게 줄려고 하는데서 나오지 않았나 싶습니다. 민우도 그렇고 … 둘 다 잘 키우셨다는 생각을 팀 선생님들과 함께 했습니다. 또 어머니, 아버지가 아이들에 대한 믿음이 크신 것 같습니다. 기대는 이건데 '이렇게 했으면 좋겠다' 하면서도 '그 나이니까 기대를 낮춰야지, 언젠가는 잘 할 거야' 그런 마음이 있는 한 아이들이 잘 됩니다. 지금까지 짧은 기간 동안 잘해 오신 거 같습니다. 제 생각에는 너무 진도가 빨라서 오히려 '좀 천천히 합시다' 라고 얘기하고 싶을 정도였

습니다.〈칭찬〉

지금까지 말씀드린 것처럼 엄마, 아빠께서 잘 하고 계시고, 그것이 애들에게 영향을 미치고 있다는 걸 잘 알고 계시기 때문에 여태까지 효과적이었던 것들을 더 해 보시는 것이 좋을 것 같습니다.〈연결〉

다음 오실 때까지 과제를 드리겠습니다. 여태까지 효과적이었던 방법들을 잘 생각해 보면서, 천천히 더 해 보시고, 그 방법들이 어느 정도 괘도에 오르면, 그것을 유지하기 위해 자주 연습해 보십시오.〈과제부여〉

메시지 전달 후 어머니는 상담이 종결되면 이전처럼 돌아가는 것은(나빠짐) 아닌지 걱정하였고, 아버지는 '종교를 갖고 있으므로' 잘 되리라고 믿는다고 하였음. 치료자는 다음 주에 만나서 진행 여부에 따라 종결을 할 수 있음을 암시함.

치료자의 의견

1. 부모와 내담자의 노력 결과 상담이 잘 진전되고 있음.
2. 내담자의 일부 행동에 대한 부모의 불만과 우려가 긍정적인 맥락 속에서 내담자의 긍정적인 면을 찾아볼 수 있도록 유도되어 목적 성취에 도움이 됨.
3. 부모의 부부문제가 많은 부분 해결됨.
4. 2회 상담 중 가족이 보는 현재 상태의 만족도 점수가 6~7점에서 7~8점임. 목표 점수인 8~9점과 비교해 볼 때 앞으

로의 치료가 단기에 끝날 수도 있음이 예상됨.

5. 부모가 원가족에서 장남, 장녀로 자라면서 어려웠던 점이 오히려 내담자의 입장 이해나 자녀양육에 도움이 됨을 발견하게 하고, 이를 이미 활용하고 있음을 지적함.

제3회

◈ 참석자 : 내담자, 아버지, 어머니, 조민우

치료자 : 이번에는 1주일 만에 다시 뵙게 되는데요, 좀 어떠셨어요? 뭐가 좀 좋아지셨는지?〈변화에 대한 질문〉

아버지 : 조그마한 일이 하나 있었어요. 게임기를 아마 지난주에 말씀드린 적이 있었는데, 안 나오는 거를 수리를 해서 하루에 한 시간씩 약속을 지키는 걸로 설치를 했어요. 그런데 한 시간 정도 가지고는 자기가(내담자) 이때까지 못해 왔던 거를 아마 해소할 수가 없었겠죠. 새벽에 일어나서 하다가 엄마한테 들켜 가지고 그 바람에 빼앗겼죠. 약속을 안 지켰으니까. 그 부분에서 제가 느끼기에는 모르긴 몰라도 조금 문제가 있었던 것 같습니다. 기영이가 느끼기에는 좀 불만 사항이 있었다고 생각이 되는데, 제 성격적으로도 좀 그런 부분이 모가 져 있거든요. 5분, 10분 좀 연장을 해 가지고, '그래 조금만 해라' '다 됐냐' 이렇게 하면 되는데, 그런 부분을 딱 잘라 버리는 그런 면이 있습니다. 그런 쪽에서 좀, 기영이가 받아들일 때는 어떻게 받아들이는지는 모르겠지만은 좀 마이너스적인 작용이 되지 않았겠는가

생각이 되고 역시 제가 판단 내리기에는 뭐 ….[아버지의 자기 행동에 대한 의문 제기]

치료자 : 아, 그러셨군요. 기영인 어땠어? 그것 빼고는 좀 좋은 일이 있었니?〈예외상황에 대한 질문〉

기 영 : 만약 제가요. 숙제할 때 뭐 글씨도 잘 쓰고, 글씨를 아빠, 엄마 보여드릴 때요, 아빠, 엄마가요 그냥 숙제도 미리 미리 잘했다고 칭찬해 주시고 ….

치료자 : 어– 그랬구나. 네 생각에는 별로 잘한 거 같지 않은데 아빠, 엄마가 칭찬해 주셨다고?〈명료화〉

기 영 : 내 생각에는 잘 못했는데요, 아빠, 엄마가 잘했다고 해 주시니까 더 잘한 것같이 느껴져요.

치료자 : 잘한 것같이 느껴졌어? 그럼 다음에는 어떻게 하고 싶어?

기 영 : 그림이나 글씨도 뭐 더 열심히 될 수 있는 대로 잘하고 싶어요.

치료자 : 그렇구나.

어머님은 지금 아버님 말씀 듣고, 다른 것 좋아진 것은 있으세요?〈변화에 대한 질문〉

어머니 : 특별하게, 글쎄, '이거 참 좋아졌구나' 그런 건 잘 모르겠어요.[어머니: 특별히 좋아진 것이 없다고 생각]

치료자 : 네. 그럼 저번 주 그때 왔을 때 하고 같은 건가요? 아니면?〈변화에 대한 질문〉

어머니 : 예. 저도 좀 목소리가 올라갔죠.

치료자 : 예. 사실은 그 상황이 많이 나빠질 수도 있었는데 나빠지지 않았거든요? 어떻게 그렇게 되실 수 있으셨어요? 옛날 안 좋았을 때처럼 돌아갈 수도 있었을 텐데 근데 그렇게

옛날로 돌아간 거처럼 보이지 않거든요?〈더 나빠지지 않았음을 부각시킴으로써 부모의 의지가 있었음을 암시〉

아버지 : 그렇죠. 뭐 인제는 점수로 따지면은 지난주에는 7, 8점 정도였는데, 모르겠습니다. 한 가지 더 발전을 위한 일보 후퇴일는지는 모르겠지만은 제가 느끼는 한 주는 점수로 환산을 해 보면 좀 떨어지는 6, 7점 정도가 아닌가 싶습니다.[아버지: 지난주보다는 안 좋았었다고 생각]

치료자 : 예. 그러시군요, 그러니깐 그냥 뭐 크게 나빠지진 않았지만 조금 좋지 않았다고 ….

아버지 : 예. 제 마음속에서 작정을 하고 '이래서는 안 된다' 라고 마음먹고 있는 상태에서, 지난주에는 7, 8점 수준이라 그러면은 제가 제 마음속에서 제어를 한다는 수준이 6, 7점 정도로 지난주보다 다소 떨어졌거든요. 좀 더 잘해 줄 수 있었고 좀 더 신경을 써 줄 수도 있었는데 그런 미진한 부분이 있어서.

치료자 : 어머니도 같은 생각을 하고 계시는 건가요?

어머니 : 제가 일단 생리 때가 되면 신경이 굉장히 좀 예민해진다 할까. 신경이 날카로워지는 그게, 애한테 좀 풍긴다고 그럴까. 느끼면서도 어쩔 수 없이 그게 좀 나타나거든요.[어머니의 심리상태가 내담자에게 영향 미침을 인식]

치료자 : 옛날에는 어떠셨어요? 옛날에 그럴 때, 그때 아이하고의 관계하고 지금 관계하고의 차이점이 있으신가요?〈과거와 현재의 차이점에 대해 질문〉

어머니 : 지금은 억지로라도 그렇게 하지 말자고 그러는데, 스스로 인제 많이 좀 ….

기 영 : 선생님, 학교에서요 조금 부끄럽지만, 제 생각에는 제가 마음이 좀 약하다고 생각되어요.[내담자가 주제를 바꿈]

치료자 : 어, 네가 마음이 약하다고 생각했어?〈내담자의 언어를 사용〉

기 영 : 여자애라도 저한테요 이상하게 굴면 저는 막 울고 싶어지고 그래요. 때리지도 못하고. 그때 이창혁이라는 남자 애랑요, 중훈이라는 내 짝꿍이 있었는데, 걔네들이 쓰기 책을 안 갖고 왔거든요. 그래서 제가 선생님한테 안 갖고 왔다고 말씀드리니까 선생님이 걔네들한테 책 갖고 가서 쓰라고 그러셨어요. 그래서 둘이 쓰고 있는데 걔네들 중에 이창혁이란 남자애가 저한테 왜 이르냐고 그래 가지고 ….

치료자 : 왜 이르냐고?

기 영 : 예. 내가 일렀다고 안 그러고 '너네들이 이 책 안 갖고 와서 내가 그냥 선생님한테 말씀드렸는데?' 그러니까 서일지도 나한테 이창혁이란 애랑 똑같이 그런 말을 막 하구요. 저는 그런 뜻이 아니라 애들한테 그냥 책 안 갖구 와서요, 빌려 줄 수는 없고 제가 또 해야 되니까 선생님 책을 걔네들이 쓰도록 그렇게. 근데 걔네들이 저보고 막 일렀다고 그래 가지고.

치료자 : 어, 그랬구나. 참 억울했겠다. 우리 기영이가 굉장히 생각이 깊은 애처럼 들렸거든? 처음부터. 그렇게 엄마, 아빠 걱정도 하고, 굉장히 생각이 깊은 애라는 생각이 들었는데, 그런 게 오히려 친구들이 오해를 한 것처럼 보이네? 많이 섭섭했겠구나. 아직도 친구들이 너 마음 몰라? 모르는 거 같아?〈내담자의 입장을 이해, 수용함〉

기 영 : 아니요. 또 걔네들이 저한테 사과했어요.

치료자 : 그러고 나니까 기분이 좀 어땠어?〈개방형 질문으로 내담자의 감정을 탐색〉

기　영 : 그러니까 조금 화가 풀렸어요.

치료자 : 이르려고 한 게 아니고 생각해서 해 준 건데 그랬구나. 그거는 결국은 다 해결이 됐고, 학교에서 좀 더 다른 좋은 일 같은 것은?〈예외상황에 대한 질문〉

기　영 : 애들하고 좀 더 친해진 거 같애요.

치료자 : 어, 애들과 더 친해진 거 같애? 기영이 생각에는 어떻게 해서 친구들하고 친해지는 거 같애? 친구들이 기영이한테 어떻게 해?〈긍정적인 측면을 부각시키면서 결과를 원인과 연결하는 질문〉

기　영 : 친구들이요? 그때보다 더 잘 해 주는 거 같애요.

치료자 : 어, 잘 해 주고 있어?

아버지 : 그때가 언젠데? 이창혁이하고 그 … 서일지하고 싸우고 난 이후에 더 잘해 주는 거 같애? 그때 싸웠을 때가 그때야?

치료자 : 그러니까 친구들이 기영이 마음, 생각이 깊은 마음을 다 알고 잘 해 주고 친해지고 그랬나 보지? 우리 민우도 좀 얘기해 볼래? 지난주에 좋아진 거 뭐 있어?〈민우를 치료과정에 포함시킴〉

민　우 : 친구들끼리 떠들고요, 소풍 갔는데 친구들 막 떠들고요. 유치원에서요 또 선물 받았구요.

치료자 : 어, 어린이날 선물?

민　우 : 예.

치료자 : 응. 그랬구나. 5월은 역시 신나는 달이지?(아버지를 보면서) 아까 사건도 얘기했는데, 그래도 크게 많이 떨어지지 않은

게 놀랍다고 그럴까요. 참 저력이 있으시구나 하는 생각이 들었거든요〈칭찬〉. 그래서 그 일이 앞으로 계속 문제가 될 것 같애요? 그 게임?〈내담자가 부모와의 약속 이행 시 문제적 요소가 될 것에 대해 타진함〉

아버지 : 그건 기영이에게 달렸거든요. 기영이가 시간만 잘 지켜 주면 아무 문제도 없죠. 제가 큰소리 낼 이유도 없고 야단을 칠 이유도 없고.

치료자 : 왜 한 시간만 해야 되는가를 기영이도 이해를 하고 있어?

기　영 : 제가 몸에 안 좋은 거 같애요. 눈도 많이 나빠지고.

아버지 : 잘 알고 있네.

치료자 : 그렇지. 그런데 우리 기영이는 우선 머리로는 아는데, 하고 싶은 충동이 생기면 그걸 억제하기 어렵지? 어떻게 하면 좋을까?〈문제해결을 위하여 구체적 방안을 질문함〉

기　영 : 그럼 일단은요, 엄마가 새벽에 내가 모르는 곳에다가 게임기를 숨긴 다음에요, 내가 못 찾게 하면 … 오후에도 아침에 학교 갔다 와서 찾아가지고 장 속에 있는 것을 빼 가지고서 텔레비전 밑에다가 탁 놓고 그냥 병원 가시는 ….[내담자가 자체적으로 해결 방안을 제시]

치료자 : 다른 말로 하면 우리 기영이가 마음은 있는데 혼자서 그걸 통제하기가 좀 어렵다는 거구나. 아빠, 엄마 말씀은 잘 이해하겠는데 실제로 좀 어려울 수가 있으니까 엄마, 아빠 도와주세요 그런 뜻이 되네?〈내담자의 생각을 명료화한 후 이를 확인함〉

기　영 : 예.

치료자 : 응. 엄마, 아빠는 그 생각에 대해서 어떻게 생각하시고 계

신 거 같애? 그런 너의 의견에 대해서 한 번 여쭤 봐. 네가 혼자서 하기에 너무 힘든지, 아니면 방법이 여러 가지 있을 수가 있거든? 그치? 엄마, 아빠한테 한 번 의논해 봐. 어떻게 이 문제를 풀면 좋을지.〈관계성 질문. 내담자가 스스로 부모와 직접 문제해결 방안을 의논하게 함〉

기 영 : 어떻게요?

어머니 : 안 보이는 데 놓으면 네가 안 하는데 어제처럼 이렇게 매달아 놓으면 새벽에 일어나서 할 수도 있다는 얘기니?

기 영 : 아니, 그게 아니라. 엄마가 내가 볼 수 없는 곳에다가 엄마만 아는 곳에다가 숨겨 놓으면 내가 새벽에 일어나서 못 찾잖아요. 그런 다음 또 내가 계속 밥 먹고 TV 조금 보고 그냥 학교 갔을 때 엄마가 나가기 전에 거기 텔레비전 밑에다가 놓고 가시면 ….

어머니 : 매일 그렇게 하라고?

기 영 : 예.

어머니 : 그럼 거기 매달아 놔 두면 네가 하고 싶은 거를 못 이기겠어?

아버지 : 잠이 안 온다 이거지, 일찍 일어나진다 이거지? 너 6시에 일어나서 했지?

기 영 : 6시 40분. 그래서 7분밖에 안 했는데 엄마가 깨 가지고 ….

치료자 : 금방 들켰어? 또 어머니, 아버지 생각에는 그게 좀 현실적으로 쉽거나 가능한 일이신지, 또는 다른 안이 있으신지?〈내담자의 문제해결책이 현실 가능성이 있을지와 이 안이 부모에게도 적절한지를 체크〉

어머니 : 저는 너무 애한테 무리하다고, 제가 생각하기에 ….

치료자 : 한 시간만 하는 게요?

어머니 : 매달아 있는 상태에서 지가 학교 갔다 와서 학원 갈 때까지 뭐 한 시간이면 한 시간, 일단 학교 갔다 와서 하는 원래 지켜진 약속대로 하는 게, 그러면 굳이 새벽에 일어나서 엄마, 아빠 잠든 사이에 하고 싶을 정도로 그렇게까지 굳이 유혹을 못 떨칠까 … 제 생각인지도 모르겠지만 ….

치료자 : 어떻게 생각해 기영아? 엄마가 말씀하셨지? 그게 그렇게도 좋아서 유혹을 못 뿌리치고 아침에 꼭 조금이라도 더 해야 할지? 어떻게 생각해?

기 영 : 저요? 그럼 안 되는데 그때는요 하고 싶지는 않았는데요, 뭐 제 몸이 저도 모르게 움직이고 하게 되더라구요.

치료자 : 근데 우리가 처음에는 신기하니까 뭐 하나 새로운 게 있으면 빠지잖아요? 익숙해지면 좀 나아질 수 있는데.〈내담자의 행동을 정상화〉 우리 기영이는 지금 자기는 전혀 모르는데 몸이 빨려 가서 했다는 얘기지?〈내담자의 말을 인용하여 재확인〉

기 영 : 예.

치료자 : 그랬구나. 그래서 자기도 모르는 사이에 그랬기 때문에 더더군다나 도움이 필요하다는 얘기가 될 수 있겠는데, 〈내담자의 충동 조절이 어렵기 때문에 부모의 도움이 더 필요할 수 있음을 지적〉 그런데 우리 기영이는 매일 1주일 내내 한 시간씩 아빠, 엄마하고 약속을 한 거야?〈해결방안을 확인〉

기 영 : 1주일 맨날 하고 싶진 않아요. 근데 제가 1주일 내내 한 시간씩 하면요, 제가 눈이 나빠지니까 한 이틀에 한 번씩 그렇게 한 시간씩 하면은 ….

치료자 : 오, 기영이가 답을 아주 딱 … 인제는 그렇게 실천하는 것만 남았네. 머리로는 계산이 돼 있는데 … 어머니, 아버지가 현실을 감안해서 아이의 흥미와 능력을 감안해 가지고 어느 만큼까지는 허용을 하실 수가 있을까요?〈부모의 의견을 점검〉

어머니 : 처음 예정된 약속은 하루에 한 시간씩 1주일 내내 하는 걸로 했었거든요?

아버지 : 그렇지.

치료자 : 그러면은 다른 말로 하면은 지금 기영이 얘기는 매일 안 해도 되고 하루걸러 해야 된다고 그러면은 하루걸러 두 시간씩 해도 된다는 얘기가 되는 거예요?〈부모하고의 약속이 이전과 다른 방법으로 실천될 수도 있음을 타진〉

기　영 : 아니요. 하루걸러서 한 시간.

치료자 : 어, 그럼 엄마, 아빠가 허락하시는 것보다 더 작게 하겠다는 얘기네? 어 ….

아버지 : 근데 제 욕심으로는요, 토요일하고 일요일날만 했으면 좋겠어요. 평일은 게임에 대해서 잊어버리고 쉴 때 했으면 좋겠어요. 토요일 두 시간, 일요일 두 시간. 그래야지 머릿속에서 빠져 버리지. 평소에 공부도 잘되고 ….

〈인터폰으로 호출〉

치료자 : 지금 저희 선생님들이 보시면서 '아유 저런 똑똑한 아이가 있나' 그러시는데, 일단 우리 기영이가 지금 아이디어가 있거든요? 매일 하겠다는 것도 아니고.〈칭찬: 내담자가 해결방안을 스스로 생각해 냄〉 사실 엄마, 아빠는 관대하게

매일 한 시간이라도 허락해 주겠다고 하지만은 본인은 자기 몸을 생각해 가지고 이틀에 한 시간씩 하겠다는 거죠. 사실 자기가 원하는 것을 하기가 더 쉬운 거니까 엄마, 아빠가 좀 도와주셔서 기영이가 원하는 대로 할 수 있는 쪽으로 생각해 보시면 어떨까요?〈내담자의 안을 참고하도록 제안〉

아버지 : 그럼 타협을 잘 보겠습니다. 의견을 조정해서.

기　영 : 근데요. 아빠가 선생님께서 전화하실 때요, 〈인터폰이 올 때를 말함〉 아빠가요 토요일이나 일요일 한두 시간씩 하는 게 좋지 않을까 하셨는데.

아버지 : 아, 지금 그걸 받아들이는 거야? 좋겠어?

기　영 : 그게 둘이 비슷한데 쉴 때 하는 게 좋지요.[아버지의 제안을 빨리 수용하는 모습을 보임]

아버지 : 그러니까. 차라리 일요일에는 네가 부담 없이 쉬고 부담 없이 그 오락을 즐길 수가 있으니까 평일은 학원 가고 피아노 치고 그러면 시간이 안 많으니까 하지 말고.

기　영 : 평일은 하지 말고.

아버지 : 토요일, 일요일 날은 확실하게 두 시간씩.
응. 큰 무리 없으면 그걸로 네가 네 맘대로.

치료자 : 아버지가 크게 얘길 하시니까 그냥 그런 거야? 아니면 진짜 그런 생각이 들어? 우리 기영이가 워낙 효자더라구요. 엄마, 아빠 말씀하시는 대로 그렇게 하고 싶어?〈내담자의 생각을 확인〉

기　영 : 그렇게 하고 싶어요.

치료자 : 그렇게 하고 싶어? 협상이 쉽게 끝나네.

아버지 : 이해심이 많아 가지고.[아버지가 내담자의 장점을 인정]

치료자 : 그게 그러면은 '정말로 그게 좋은 생각이다, 할 수 있을 거다' 그렇게 생각한다는 얘기지?〈내담자가 합의한 사항을 재확인〉 어떻게 엄마, 아빠가 좀 도와주시면 그게 쉬울 것 같애?〈목적성취를 위해 부모의 구체적인 도움 행동을 질문〉

기 영 : 그게요. 평일에는 제가 조금 하고 싶어지거든요. 그러니까, 토요일 날은 아빠가 일찍 오시잖아요. 그러니까 그냥 평일에는 설치한 거 다 빼 버리고 토요일 날 설치해 가지고 일요일까지 다 해 주시고, 그 다음 또 월요일 날 다 빼 가지고 ….

치료자 : 당분간 그렇게 아빠나 엄마가 도와주시면 나중에는 약속대로 하기가 쉬울 거다 그런 얘기니?

기 영 : 예.

치료자 : 그럼 이제 그것은 의견이 잘 일치되어 별 문제가 없는 거 같애요. 이제 무슨 얘기를 하시면 좋으시겠어요?〈더 상담해야 할 부분이 있는지를 체크〉 어머니, 아버지 저번에 우리 진도가 너무 빨리 나가서 제가 좀 걱정을 했거든요? 어떨 땐 너무 진도가 빠르면요, 그게 현실적이지 않을 수가 있기 때문에 … 그리고 상담을 끝내고 나서 항상 더 좋아지지만은 않지요. 그러나 설사 나빠진다 해도 처음처럼 되지는 않을 거예요. 잘해 본 경험이 있으니까 그걸 생각하면서 계속 유지하거나 좋아지지요. 뭘 좀 더 얘기를 하시고 싶으신지요?〈상담 후 문제가 다시 일어나거나 후퇴할 수 있음을 시사: 상담을 종결하기 위한 준비〉

기 영 : 게임. 그거 게임 같은 ….

아버지 : 아무래도, 저희 가족 나름대로 동기 부여를 해 주셨으니까

기영이하고 같이 본인의 의사를 존중해 가지고 무리하지 않게끔, 그게 또 안 맞고 하면은 바꿀 수도 있고 고정 처치는 아니니까요. 그런 식으로 서로 문제가 있을 때 허심탄회하게 털어놓고 다시 룰을 하나 만들어 나가는 쪽으로 이끌어 갈 수 있는 그런 부분들이 좀 체득이 되어야 할 것 같애요. 그런 방식으로 계속 해 나가면 되겠지요.〈앞으로 가족이 해야 하고, 또 할 수 있는 것을 지적함〉

치료자 : 네. 저번 시간에도 해 본 것인데요. 지금 이 순간을 몇 점 정도 주실 수 있을 거 같으세요? 현재에 대한 만족도라고 그럴까요?〈척도 질문: 현재 상태에 대한 만족도〉

아버지 : 제가 볼 때는 거의 뭐 만족하는 단계가 아닐까. 9 내지 10점 수준이 아닐까 싶습니다.

치료자 : 어머니는요?

어머니 : 우리 오면서 기영이랑 얘기도 했거든요. 9점 이렇게.

치료자 : 아, 그러셨어요? 기영이는?

기 영 : 저요? 지금 느끼기에는 10점이요. 집에 가면 8점이나 9점 될 거 같애요.

치료자 : 우리 기영이가 유머도 잘하네.〈내담자의 다른 장점을 확인〉

기 영 : 애들이요, 제가 말하면 웃어요.

치료자 : 응, 그렇구나. 기영이가 유머가 많구나.
(부모를 보며) 그동안 굉장히 열심히 노력하시고 또 통찰력도 많으신 거 같고. 이렇게 잘 해 오셨는데 이게 어떻게 유지될 것 같으세요?〈진보한 것을 유지하는 방법에 대해 질문〉

아버지 : 글쎄, 그 지난번에도 말씀드렸지만, 신앙심이랄까 이런 쪽을 좀 저희가 의지를 한다고 할까요. 아무래도 방법적으로

라도 가족예배를 하루에 한 번 씩, 연초에는 사실 좀 드렸습니다. 드렸다가 그게 좀 잘 안 되고, 원인은 뭐 저 때문에 잘 안 되었는데, 예배를 보고 그날그날의 반성으로 기영이는 엄마나 아빠 또는 민우한테 서운했던 점이랄까 요런 점을 이렇게 했으면 좋겠다고 얘기를 하고 저도 인제 기영이나 집사람이나 민우한테 이런 쪽으로 이렇게 했으면 좋겠다. 서로 아까 말씀드린 대로 더 낫게 생각을 하기 위해서 합일점을 하나 찾아볼라고.〈진보한 점을 유지하는 방법으로 가족예배와 대화를 사용〉

치료자 : 예. 대화 시간을 좀 더 가졌으면 좋겠다는 말씀이시군요.

아버지 : 예. 대화 시간을 갖고, 예배를 보고, 그게 사실 직장에 있다 보니까 시간을 맞춰 가지고 들어간다는 것이 참 어렵습니다. 저도 그렇게 예배를 보고 싶고 그런데 영 …

치료자 : 지금 마음 같아서는 매일 했으면 하시는 거예요? 그런데 그게 현실 가능성이 몇 점 정도 일까요? 1에서 10점까지라면 … .〈척도 질문: 문제해결 방법의 현실가능성을 체크〉

아버지 : 1주일에 한두 번 정도는 좀 빠질 것 같으니까요. 한 60% 수준이 아닌가 싶습니다.

치료자 : 예. 어머니는 어느 정도로 가능성이 있는 거 같으세요? 너무 무리하지 않고 자연스럽게 한다면 ….

어머니 : 1주일에 한 4~5일?

치료자 : 아버지, 어머니는 의견이 많이 일치되시는 거 같네요.〈부부의 의견이 일치함을 지적함으로써 성취가능성이 높음을 시사〉

아버지 : 원인은 저니까요. 못하는 거는 ….

치료자 : 그럼 좀 마음 편하게 날을 잡으셔야 될 거예요. 왜냐하면

완벽주의자, 처음에 그렇게 본인도 말씀하셨지만은, 그러면 스트레스 받기 쉬우니까 조금 가능한 스케줄로 만드는 것이 ….〈목적을 현실가능한 것으로 잡도록 유도〉

어머니 : 근데 저도 그렇게 꼭 봐야 된다 그런 것보다는 ….

치료자 : 그것도 하나의 방법이구요. 물론 좀 더 구체적인 방법도 생각해 볼 수 있지만, 어떻게 하면 현재의 변화가 유지될 수 있을 것 같으세요?

어머니 : 저는 뭐 신앙적인 것도 중요하지만요, 어른들이 많이 참고 인내하고, 애들 눈높이라는 말 … 저희들 눈높이가 아니고 애들 눈높이에 맞춰 낮춰 가지고 그래야지.[어머니가 부모의 기대를 자녀의 수준에 맞추어야 함을 지적]

아버지 : 그 부분을 어떻게 하면 그렇게 맞출 수가 있느냐가 문젠데 ….〈아버지도 어머니의 말에 동의하면서 방법에 대해 의문을 가짐〉

치료자 : 그게 아버님이 말씀하신 대화 시간을 통해서 하실 수도 있고 자꾸 아이의 발달을 생각하시면 조금 낮출 수가 있겠죠.〈아버지와 어머니가 한 말을 인용하여 대안을 제시〉

어머니 : 많은 걸 강요하지 말자. 너무 무리하게 강요하지 말자. 뭐 그렇게 생각해야죠. 근데 그게 참 힘들더라구요.

치료자 : 그래서 저번에 어머니가 말씀하신 건데 다른 상황에서 보면 '우리 기영이가 잘하는가 보다' 그러시다가 그걸 잊어버리죠.

아버지 : 저희들 자랄 때하고 아마 똑같겠지만은 기영이보다 못해냈을 수도 있고 잘했을 수도 있겠지만은, 이미 큰 상태에서 이렇게 어릴 때를 되돌아보면 … 지 혼자 내팽개쳐 놔두면 지가 다 알아서 하고 … 그 부분을 자꾸 저희들이 깨

우쳐야 할 텐데 잘 안 깨우쳐지죠.[부모로서의 반성이 엿보임-아이를 믿고 기다려 주는 것이 생각처럼 쉽지 않음을 표현]

어머니 : 그런데 또 그런 것도 있는 거 같더라구요. 제가 어릴 때 친정 엄마가 굉장히 욕심이 많았고 그랬거든요. 지금도 기억나는 게 월말 고사를 백점 밑으로 받으면 그날은 얼마나 겁이 났는지 골목 끝에 앉아 가지고 점수 고친 게 생각이 나요. 지금도, 하여간 뭐 여섯 살 정도 될 때부터 발레 학원 뭐 따라다니고 뭐 피아노 그런 거 예전에 많이 끌려 다니고 그랬거든요. 그게 너무 싫었기 때문에 안 그러려고 애가 지금 뭐 피아노 학원 하는 것도 제가 하라고 그런 게 하나도 없고, 지가 하고 싶다고 그래요. 그래서 제가 엄마가 하던 거처럼 끌고 다니는 식이 아니라 지가 하고 싶다는 거 시켜 주는 그런 입장인데도 어떤 때는 가만히 제 자신을 생각해 보면 엄마가 그럴 때 너무 싫어했는데도 불구하고 어떤 점에서는 엄마를 제가 모르는 사이에 비슷하게 닮아 가고 있구나 그런 생각을 하고 있죠.[원가족에서의 학습이 어머니의 자녀양육에 영향을 미침을 시사]

치료자 : 예. 우리 기영이는 엄마, 아빠가 많이 잘 해 주시고 공부도 잘하고 있고 친구도 많이 사귀고 있고, 어떻게 하면 그게 계속 유지가 될 수 있을 것 같니?〈내담자에게 현 상황을 유지하는 방법을 물음〉

기 영 : 제가요, 저 하나만 잘하면 다 잘할 거 같애요.[아직도 모든 책임을 혼자 지려는 어른스러운 생각을 갖고 있음]

치료자 : 너 하나만 잘하면 된다는 말이니?

기 영 : 저도 잘하니까요. 이제 잘되고 있는 거 같애요.[모든 문제의

원인이 본인에게 있는 것으로 생각]

치료자 : 잘되고 있는 거 같아. 저번에 기영이가 너무 어른스럽다고 하셨는데, 너무 생각이 깊어서 아이답지 않을 수 있다는 게 사실이 참 걱정이 되거든요?〈부모가 생각하고 있는 내담자의 문제에 공감〉 온갖 집안일 같은 것도 자기만 잘하면 된다고 생각하고 있고 … 그거를 좀 도와주시면 아이답게 되는데 크게 도움이 되지요. 그래서 아까 강요를 안 하신다는 게 참 좋은 아이디어 같애요.〈부모의 의견을 재인용하면서 부모가 도울 수 있는 방법을 시사〉 초등학교 3학년짜리가 뭘 얼마나 잘하겠어요? 근데 지금 훨씬 잘하고 있거든요. 너무 걱정 안 하셔도 될 거 같아요. 부모의 사랑과 관심을 아이가 느낄 때 아이는 어려움을 딛고 일어서지요. 그러면 제가 팀을 만나러 들어가기 전에, 어떻게 생각하세요? 점수가 굉장히 높거든요? 일단 종료를 하고 다음에 또 필요하면 전화를 하실 수도 있고, 아니면 조금 간격을 띠어 볼 수도 있고, 뭐 어떤 방법이든지 괜찮아요.

아버지 : 그런 방법을 쓰면 좋을 것 같습니다. 일단은 종결짓고 또 다시 한 번 도움을 요청해도 되면은 ….〈상담 종결에 동의〉

치료자 : 예. 그때 다시 전화를 하시죠.〈추후상담에 대한 문을 열어둠〉

아버지 : 저희가 돌아가서 한 번 최대한 노력을 해 보겠습니다.

치료자 : 예. 어머님 혹시 하실 말씀 있으세요?〈개입을 위한 자문 시간 전의 질문〉

어머니 : 저는 뭐 그렇게 ….

치료자 : 제가 팀을 조금 만나고 올 테니까요, 기영이하고도 좀 얘기를 나눠 보시죠.

아버지 : 예. 한 번 얘기를 나눠 보겠습니다.

메시지

짧은 기간 동안에 좋아지셔서 선생님들이 너무 놀라셨습니다. 우리가 단기치료라고 하지만 짧은 시간에 좋아지는 가족은 흔치가 않거든요. 그런데 처음에 아버지께서 요즈음 좀 나빠졌다고 말씀하셨는데, 사실 그런 눈이 필요한 것 같습니다. 무조건 칭찬하면서, 부모들이 좋아지고 있다고 생각하지 말고 되돌아보면서 다시 밀고 가는 그런 눈이 필요합니다. 어머니도 말씀하셨지만, 부모들의 특성이라고 할 수 있는 조바심은 항상 있습니다. 당연한 것이지요. 어디까지 얘기를 해야 하는 건지, 어디까지 이해를 해야 하는 건지, 이런 것들에 대해 가끔 생각을 해야지만 안이 나올 수 있습니다. 또 어떻게 해야 유지를 할 수 있는지 방법들을 나름대로 강구해 보는 것도 참 인상적이었습니다. 어머니도 많이 변화하시는 분이구나라고 느꼈습니다. 아이들에게 그렇게 말씀하신다는 게 쉽지가 않거든요. 이런 것들이 결국은 지금 기영이에게 다 도움이 되고 있습니다. 기영이를 선생님들이(일방경 뒤의 팀) 보시고, 너무 똑똑하다고 놀랐습니다. 간혹 컨트롤이 어렵지만 자기가 뭘 해야 하는지를 다 알고 있다고 보입니다. 기영이는 엄마, 아빠 심정도 잘 이해하고 있고, 할 일이 뭔지도 너무 잘 알고 있습니다. 그런 것들이 다 엄마, 아빠가 잘 가르쳐 주신 덕분이라는 생각이 듭니다. 그렇지 않고서는 그렇게 잘할 수가 없지요.〈칭찬〉

부모님께서는 어떻게 하면 유지될까 하는 방안을 각각 갖고 있고, 저희들도 거기에 동의합니다.〈연결〉

아버지께서 기영이하고 농구도 자주 하시고 그런 시간을 통해 자연스럽게 대화가 나올 수 있기 때문에, 꼭 짜인 시간이 아니더라도 그런 기회를 자꾸 이용하시면 좋을 것 같습니다. 앞으로 계속 그렇게 해 보시고, 나중에 혹시 도움이 필요하시면 연락 주세요.〈과제 부여 및 종결인사〉

치료자의 의견

1. 계속 진전을 보일 것으로 기대한 것과는 달리 약간의 후퇴와 갈등이 있었음을 초기에 보고함. 이는 내담자와 가족에게 좋은 경험인데 상담 종결 후 재발이 될 때 대처할 수 있게 함.

2. 현재 상태의 만족 점수가 9~10점으로 나온 것은 일반적으로 믿기 어려운 과장된 점수로 생각할 수도 있겠으나, 해결중심적 단기가족치료에서는 내담자의 말을 그대로 인정, 수용하는 입장이므로 이를 그대로 인정함.

3. 특정한 방법과 내용으로 과제를 해야 한다고 보지 않아 내담자 가족이 융통성을 갖고 과제를 수행하도록 격려함.

4. 평 가

본 사례에서 내담자의 문제 행동인 틱의 발생과 관련된 요인을 찾아보면 다음과 같다. 첫째, 부모가 원가족에서 각각 장남, 장녀로서 성장하면서 경험한 것이 큰아들인 내담자에게 양육을 통해 영향을 미쳤고, 둘째, 부모 각각의 원가족 경험의 차이가 부부관계에 갈등을 야기하였으며, 셋째, 부모의 행동과 감정에 예민한 내담자가 부모간의 양육행동 차이로 혼란과 긴장을 갖게 되었고, 넷째, 부모의 기대에 부응하기 위해 내담자가 조숙한 행동을 하도록 은연중에 요구된 점이다. 결과적으로 내담자가 성숙한 아이이길 바라면서도 동시에 너무 어른스러운 행동에 대해 불만을 가지는 부모의 모순적 사고와 행동이 내담자의 문제 행동과 관련된 것으로 생각한다.

본 사례에서 척도 질문에 대한 가족들의 점수를 정리해 보면 다음과 같다.

구 분	희 망 점수	현재 상태에 대한 점수			
		1회		2회	3회
		내담자에 초점	전반적인 상태	전반적인 상태	전반적인 상태
아버지	9	2~3	5	7~8	9~10
어머니	8~9	3~4	4~5	7~8	9
내담자	9	6~7	6~7	6~7	10

* 점수의 범위는 1점에서 10점까지로, 1점은 상담 약속을 할 때, 즉 최악의 상태라고 생각할 때의 점수이며, 10점은 가장 만족하는 상태일 때의 점수임.

본 사례에서 치료과정을 통해 부모들은 자신들이 자식, 특히 내담자에게 미치는 영향을 발견하게 되면서 내담자의 감정과 행동을 가족 환경의 맥락과 원가족 관계에서 인식하고 이해하게 된다. 그 결과, 내담자의 문제 행동에 영향을 준 자신들의 행동을 수정하고 변화하였다. 또한, 내담자의 행동을 긍정적인 맥락에서 재구성한 것도 도움이 되었다. 구체적으로 내담자가 제시한 문제해결에 도움이 된 부모의 행동으로는 ① 내담자와 함께 시간보내기, ② 내담자의 행동을 긍정적으로 구성하기, ③ 부부간의 대화하기 등이었으며 이를 통해 호전된 부부관계가 자녀와의 관계에도 긍정적인 영향을 미치면서 내담자에 대한 기대와 요구가 줄어든 점을 들 수 있다.

본 사례에서 내담자의 동생을 치료과정에서 좀 더 참여시키지 못한 점과 부모의 불만과 걱정에 좀 더 공감하고 수용하지 못한 점이 아쉬움으로 남는다.

본 치료에서는 가족, 특히 내담자의 장점과 자원을 발굴하고 확인한 점, 문제로 지각되는 상황이나 행동을 긍정적으로 재해석하며 이를 자원으로 바꾼 점, 가족의 변화를 인정하고 격려한 점, 상대방이 먼저 변화하기를 바라는 가족상담의 현장에서 상대방의 변화가 이미 일어났다고 가정하고 자신이 할 수 있는 바에 초점을 둠으로써 상담과정이 진전될 수 있었다는 점을 지적하고 싶다. 그리고 과제 부여에 있어 내용과 방법이 구체적이지 않고 과제의 틀만 제시한 것도 효율적이었던 것으로 사료된다. 그러나 무엇보다도 가족이 자신에 대한 통찰과 재인식, 변화하려는 의지와 실행이 본 상담이 3회만에 끝날 수 있었던 가장 큰 요소가 된 것 같다.

사랑이 넘쳐 생기는 문제

1. 사례 개요

본 사례는 동갑내기 맞벌이 신혼부부가 서로 사랑의 상호작용에 어려움이 있다고 호소하는 신혼기 부부에 대한 내용으로, 성격의 차이와 부부관계의 문제로 결혼생활이 어려워서 이혼까지 생각하고 마지막 단계로 상담을 받고자 하였다. 치료과정에서 서로의 사랑이 확인되고, 차이점을 인정하고 상대의 기대를 수용하게 되어 3회의 치료로 종결했다.

1) 의뢰과정

아내가 본 치료자에게 의뢰하여 치료가 시작되었다.

2) 가족사항

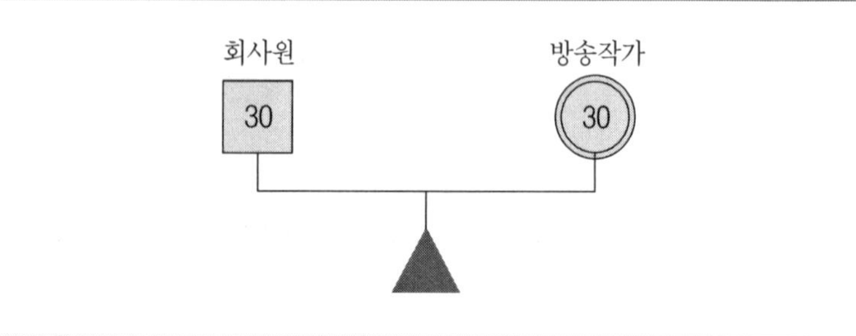

3) 제시된 문제

남편은 부부간의 성문제를, 아내는 부부의 성격차이를 문제의 근원으로 삼았다.

2. 사례분석 방법

치료과정을 대화체와 설명을 통해 소개하며, 치료자의 언어적 개입과 메시지 전달을 중심으로 변화과정을 분석하였다.

본 사례를 선택한 배경은 신혼기에 있는 많은 부부들이 겪고 있는 일반적인 유형의 문제이기 때문이다.

3. 치료과정

제1회

◈ 참석자 : 아내, 남편

치료자 : 뵙게 되어서 반갑습니다.

아내, 남편 : 아, 예. 고맙습니다.

치료자 소개와 치료진행구조에 대해 설명하고 내담자와 치료계약을 했다.

치료자 : 망설이다가 오셨다는데, 여기 오셔서 무엇이 지금 상태보다 좋아지면 그래도 여기 오기를 잘했다고 생각하시겠어요?

아　내 : 네. 제가 최선을 다할 생각이에요. 제가 마음을 열어 놓고 도움을 받고 싶거든요.

치료자 : 남편께서는 보통 여기 남자분들이 시간 내서 오시기 어렵잖아요. 이렇게 귀한 시간 내서 오셨는데, 지금 상황에서 뭐가 좀 좋아지면 상담하기를 참 잘했다는 생각이 드실까요?

남　편 : 네, 그렇죠. 사실 저희가 그래도 최악의 생태에서는 벗어나서 이제는 잘해 보려고 하는데 ….

치료자 : 아, 네. 그러면 전에 상담을 오시겠다고 할 때와 비교해 볼 때 지금은 좀 좋아지고 있는 중인가요?

아　내 : 상태가 안 좋아요. 남편은 시댁에 가 있고 저는 집에 있었고. 우리는 거의 이혼도 생각했어요.

치료자 : 네. 처음에 여기 오시기 전에 내가 상담을 받아 봐야겠다고 마음먹었을 때와 여기 오시기 전까지 또 바로 지금까지

뭐가 좀 달라지셨어요? 좋아진 것이 뭘까요?

남　편 : 결혼한 지 1년 정도 되거든요. 집사람이 신체적으로 어떤 문제가 있는 것은 아닌지 … 저는 그렇게 생각하는데 집사람은 그렇지 않다고 하고 … 상담을 받아 보고 심리적인 문제를 객관적으로 보기에는 힘들지만 … 서로가 1년 동안 정말 끈질기게 견뎌왔다고 할 수 있죠. 실제로 결혼생활의 5분의 4 정도는 계속 힘들게 살아왔어요.

치료자 : 제가 숫자로 여쭤 볼게요. 최악의 상태에서 지금은 자발적으로 어떻게든 잘해 보려는 마음을 가진 상태가 됐는데 최악의 상태를 1점이라고 하고 '완벽하다, 우리가 사이가 좋다' 의 상태를 10점이라고 할 때 지금은 몇 점쯤 되세요?

남　편 : 지금은 6점에서 7점 정도의 상태라고 생각을 하는데요.

치료자 : 아, 그러세요? 최악의 상태가 1점인데 6점에서 7점이면 아주 높은 점수인데요. 어떤 상태가 6점을 만들었나요?

남　편 : 잘해 보겠다는 의지를 가졌거든요. 극단적인 상태에서 벗어나서 다시 한 번 재기를 해 보겠다고 하는 의지를 가졌거든요.

치료자 : (아내에게) 아셨어요? 부인은 남편이 다시 한 번 잘해 보겠다고, 희망적인 상태라는 것을 아셨어요?

아내는 질문에 대답하기보다는 자신이 가지고 있는 어려움을 주변인에게 털어놓아 위안을 받았다고 설명했다.

치료자 : 그러니까 힘든 부분들을 친구에게 털어놓으면 본인에게 도움이 되세요?

아　내 : 네. 그때는 그랬어요. 이해를 받는다는 느낌이 드니까요.

속이 시원하더라구요.

치료자 : 그렇게 속이 시원해지고 나면 본인에게 어떻게 도움이 되세요? 어떻게 달라지세요?

아　내 : 결혼이 간단한 문제도 아니고 제가 최선을 다하지 않았고, 저도 잘못한 부분이 있으니까 그 부분을 고쳐서 잘해 봐야겠다는 생각을 다시 하게 되죠.

치료자 : 어떻게 그런 생각을 하셨어요? 대단하시네요. 남편께서는 7점이라는 높은 점수인데요, 내가 어떤 행동을 하면 내가 잘하려는 의지를 갖고 있다는 것을 아내가 알 수 있을 것 같으세요?

남　편 : 성격 차이에서 제가 자질구레한 것을 잘 못하거든요. 신경을 안 써 왔어요. 이런 것에 제가 양보해서 잘해 보려고 하죠.

치료자 : 그러니까 아내는 남편이 정리정돈을 잘 하는 것을 좋아하는가 보죠? 그런 것들을 잘하면 내가 노력하는 것을 알 것이다 … 이건가요?

남　편 : 그렇죠. 그런 면은 아내에 대한 배려인데 … (잠시 침묵) 단도직입적으로 말하면 저 하고 아내는 소개받아서 빠른 시간 안에 결혼했죠.

남편은 신혼에 대한 달콤한 기대 등에 대해 언급하며 자신들의 신혼생활에 대한 불평을 했다. 특히, 아내가 성관계를 거부한 것에 대해 불만이 컸다. 반면 아내는 남편과의 다툼들에 대해 말하고 이러한 다툼이 있은 직후에 남편이 부부관계를 요구하는 것 등을 이해하지 못하여 불평을 했다.

치료자 : 그렇게 힘든 상황들을 얘기하는 것이 본인들에게 도움이

되세요? 남편은 남편대로 힘든 것을 얘기하고 부인은 부인대로 힘들었던 것을 얘기하는 것이 도움이 되세요?

(부부가 침묵함) 부인을 전혀 사랑하지 않는다를 1점으로 하고 정말 완벽하게 사랑한다를 10점으로 할 때, 몇 점이나 되세요?

남　편 : 저는 자신이 없는데 … 5점 정도.

치료자 : 그러면 남편께서 보시기에 아내가 자신을 얼마나 사랑한다고 보십니까?

남　편 : 그것이 5점이에요.

치료자 : 남편은 아내를 얼마나 사랑한다고 보세요?

남　편 : 좀, 어렵지만 … 한 7, 8점 정도 ….

치료자 : 그러니까 한 2점 정도의 차이가 있네요. 아내는 어떻게 보세요? 본인이 남편을 얼마나 사랑한다고 보세요?

아　내 : 5점에서 6점이요.

치료자 : 남편이 본인을 얼마나 사랑한다고 보세요?

아　내 : 7점에서 8점이요.

치료자 : 그 2점 정도의 차이를 메우기 위해서 자신이 할 수 있는 것들이 있을까요? 무엇이 달라지면 2점이 올라갈 것 같으세요?

아내와 남편은 계속해서 성관계 문제 등 서로 갈등이 있을 때 심하게 싸운 상황에 대해 치료자를 중간에 두고 각자 자기의 입장을 정당화하려고 했다.

치료자 : 제가 좀 색다른 질문을 할게요(잠시 침묵). 이 질문은 여러분들이 각자 상상력을 발휘하셔야 하는데요(잠시 침묵). 오늘 저 만나고 오후에 활동하시고 댁에 돌아가시잖아요(치

료자는 내담자에게 동의를 요하는 태도를 보인다.). 식사하시고 모든 일과가 다 끝나고 주무시게 되죠(잠시 침묵). 주무시는 동안 기적이 일어나요('기적' 이라는 말을 강조함). 그래서 여기 가지고 오셨던 어려움이 다 해결이 됐어요. 그런데 두 분은 주무셨기 때문에 기적이 일어난 것을 모르시죠(잠시 침묵). 아침에 일어나서 처음에 무엇을 보면, 어떤 것이 달라져 있으면 '아, 어젯밤에 기적이 일어났구나' 라는 것을 알 수 있으시겠어요?(감정을 넣어 표현)

남 편 : 집사람에게서요?

치료자 : 그것은 누구에게나 가능하죠.

남 편 : 저는 이 사람이 저한테 먼저 다가온 적이 한 번도 없었거든요.

치료자 : 먼저 다가온다는 것이 구체적으로 무엇인가요?

남 편 : 먼저 다가와서 보통 신혼부부가 하는 것처럼 저한테 안아달라고 하는 것도 기적이죠.

치료자 : 그러니까 사랑표현을 해 주는 것이요?

남 편 : 네. 내가 원하는 것은 아주 소박한 것인데 ….

치료자 : 아내가 그렇게 하면 남편은 또 어떻게 달라질 것 같으세요?

남 편 : 저는 결혼생활을 1년 동안 해 봤지만 제가 잘할 수 있는 것의 십분의 일도 사용 못했다고 생각하거든요.

치료자 : 아침에 일어나서 부인이 인사하며 안아주면 남편은 어떻게 달라질 것 같으세요? 구체적으로 ….

남 편 : 구체적으로 저는 이때까지 집안일을 도와주긴 했지만 집안일도 더 잘 도와줄 것 같고, 더 많이 배려를 하겠죠. 구체적으로 잘 떠오르지는 않는데요.

치료자 : 아침에 일어났는데 부인이 '저 좀 안아줘요' 라고 하면 남편은 어떻게 해 주실 것 같으세요?

남　편 : 저는 당연히 일단 안아주고 (웃음) ….

치료자 : 그럼 부인은 어떻게 하실 것 같으세요?

남　편 : 글쎄요. 어떻게 할지 모르겠습니다.

치료자 : 부인께서는, 기적이 일어났어요. 그래서 문제가 다 해결되었어요. 아침에 일어나 무엇을 보면 '아 우리집에 기적이 일어났구나 …' 하시겠어요?

아　내 : 저는 ….(침묵)

치료자 : 지금 가지고 있는 어려움들이 다 해결된다면 ….

아　내 : 제가 이 사람을 먼저 안아준다거나 하는 것이요. 그러니까 봐서 아는 것이 아니라요, 제가 일어났는데 남편을 안고 싶다 … 그런 생각이 제 마음에 든다 … 그러면 기적이 일어났다는 생각이 들 것 같아요(웃는다.).

치료자 : 그런 마음이 생길 것이다 … 내 남편을 안고 싶은 마음이 생길 것이다 … 그런 생각이 들면 어떻게 하실 것 같아요?

아　내 : 그러면 그렇게 하죠.

치료자 : 남편을 안아주면 남편이 어떻게 하실 것 같아요?

아　내 : 만약 기적이 일어난다면 저도 도와서 기쁜 마음으로 받아들이겠죠.

치료자 : 친정어머니는 딸의 어떤 모습을 보시면 우리 딸에게 기적이 일어났구나 하는 생각을 하실까요?

아　내 : 제가 이 사람에게 다정하게 잘 하고 … 그러면 그렇게 생각하실 것이에요.

치료자 : 다정하게 잘 한다는 것은 구체적으로 어떤 것이죠?

아 내 : 집에서 웃는 낯을 많이 보이고 마음으로 배려를 하는 것이요. 혼자 두지 말고 항상 같이 이야기를 많이 하고 그런 것이요.

아내는 서로 각자 독립성을 인정해 주기를 원했다. 남편과 아내는 서로 힘들었던 점, 부부싸움을 한 일 등에 대해 설명했다.

메시지

제가 정리하면서 생각해 보니까 두 분은 자신들의 문제를 해결해서 좋은 방향으로 끌고 나가려고 노력을 많이 하려는 분들이신 것 같아요. 결혼을 유지해야겠다는 의지가 강한 분들로 느껴지거든요. 그리고 여러 말씀을 하실 때 느낀 것은 각자가 책임감이 강한 분들이구나. 두 분이 말씀을 하시면서도 '남편이 이래서 내가 이랬다. 그래도 거기에는 내 책임이 있다' 는 것을 인정하시고 서로의 입장을 이해하려는 그러한 분들이세요. 그런데 대게 이 부부뿐만이 아니고 특히 신혼 때 가장 많은 갈등이 있는 것 같아요. 표현이 안 되고 알려지지가 않고 그래서 그렇지, 서로가 다른 분위기에서 자라고 서로의 표현방법, 기대하는 것, 생각하는 방법이 다르기 때문에 갈등이 많을 수밖에 없는 시기에요. 저희 상담소에도 여러 분과 유사한 어려움을 호소하는 사람들이 많이 오지요. 제가 생각해 볼 때 '두 분의 문제는 사랑이 크시기 때문에 오는 문제다' 이런 생각이 들어요. 다시 말해 사랑이 없어서 오는 문제가 아니고 '두 분이 서로 사랑을 많이 하시기 때문에, 사랑이 넘쳐서 일어나는 문제구나' 이런 생각이 드는데, 사실 부부들이 아주 냉담하고 서로 무관심하고 사랑의 마음이 싹트지 않아도 성관계를 하고 살아가는 부부들이 너무 많아요. 그러면서 애 낳고 … 그런데 이 부부는 서로 간의 사랑을 키우고자 하는 욕구도 많으시고 사랑도 많으시고, 그런데 이러한 사랑을 어떻게 표현하느냐, 표현하는 방법, 받아들이는 방법, 이런 것들의 차이가 약간 있을 뿐이에요. 남편께서 표현하는 방법을 부인은 다른 식으로 기대를 하고 있고, 또 남편께서는 부인이 이렇게 받아들여지기를 바라고 … 이런 차이가 있을 뿐이에요.

숙제를 하나 드리겠는데요. 다음 저와 만날 때까지 기적이 일어났다고 상상을 하시고, 아까 저에게 말씀하신 것과 같은 '기적이 일어나면 내가 어떻게 할 것이다. 그러면 상대가 이렇게 할 것이다' 를 기적이 일어났다고 상상을 하시고 시도를 해 보세요. 그리고 이러한 시도들이 두 분의 관계에 어떤 변화를 일으키는가를 잘 관찰해보세요. 제가 두 분에 대한 신뢰가 크기 때문에 이런 숙제를 내드릴 수 있다는 생각이 드네요.

제2회

◈ 참석자 : 남편, 아내

치료자 : 오랜만에 만나는데 어떤 것이 좋아지셨나요?

남　편 : (아내에게) 상담에서 겨냥하는 게 무언지 말해 봐요.

아　내 : (남편에게) 선생님 질문에 답을 먼저 하세요.

아내가 자신들의 상황을 설명하고 기적이 일어났던 경험을 말했으나 남편은 기적이 일어난 것으로는 생각하지 않는다고 하고 이에 대한 의견 차이를 서로 주고받았다. 또한 부부생활의 문제가 '심리적' 인 문제인가 또는

'신체적' 인 문제인가에 대해 논쟁을 했다. 아내는 부부간의 성관계는 서로 마음의 변화가 있어야 가능하다고 보며, 이 사랑은 시간이 지나면서 커져 가는 것으로 본다고 했다. 반면 남편은 육체적인 애정표현은 자연스러운 것이라고 보며, 이러한 애정표현에 대한 아내의 거부를 문제로 보고 있다.

아 내 : 지난주에 부부관계 문제로 서로 옥신각신했어요. 그 날 저녁 서로 우울했는데 남편이 먼저 잠들었죠. 그런데 저는 마음의 변화를 느끼고 남편을 깨웠죠. 그리고 함께 자고 … 제게는 기적이었죠. 문제를 해결하기 위해 의도적으로 행동한 것은 절대 아니었거든요. 이걸 이 사람은 알까? 했죠.

치료자 : 남편께서는 이걸 아셨어요? 아내가 기적이 일어난 것으로 느껴서 사랑을 표현하는 그런 것을요.

남 편 : 아니요. 기적이 일어나지는 않았어요.

치료자 : 아내는 그런 상황을 설명하는데, 이걸 아셨나요?

남 편 : 그렇게는 생각 안 되고 ….

아 내 : (남편에게) 그럼 그 일이 어떻게 일어났다고 생각해요?

남 편 : 저는 사실 이런 것이 상당히 수치스러운데요(매우 힘들게 말을 했다.). 제 짐작으로는 신체적인 치료(sex therapy를 의미하고 있다–치료자 해석)가 필요하다고 봐요. 그걸, 좀 … 자연스럽지가 못해요.

치료자 : 두 분의 부부생활이 자연스럽지 않다는 말씀인가요?

남 편 : 네.

아 내 : 저는 그것이 신체적인 문제라고 보지 않고 심리적인 것이라고 봐요.

남편은 아내에게 '신체적' 문제가 있다고 하고 아내는 이에 반박하며

'심리적' 문제라고 주장했다.

치료자 : 서로 사랑하는 방법에 좀 차이가 있는 것 같아요. 표현 방법, 받아들이는 방법말이에요. 남녀의 차이도 있고, 두 분은 사랑이 많으신 분들이지요.

남 편 : 선생님, 저는 그것이, 그렇게 생각하지 않거든요. 주제 넘는 얘기지만, 선생님은 낙관적으로 말씀하시는데요. 좋지요. 저는 좀 더 강력하고, 비판적으로 말씀해 주길 바랐지요. 저는 집사람하고 저하고 근본적으로 서로 의지하고 믿고 그런 것이 있느냐의 문제라고 봅니다.

아 내 : 그건 문제없다고 봐요.

남 편 : 저는 그것이 없다고 보거든요. 사실 주변에서 이 일로 어려워진 경우도 있지요. 나는 아직도 중요하게 보지요.

치료자 : 네. 그래요. 여러 어려운 상황인데요, 제가 질문 하나를 할게요. 지금 본인들이 부부생활을 잘 유지하고자 하는 노력이 얼마나 있으신지요? 전혀 그런 생각이 없다는 상태가 1점이라고 하고 최선을 다하겠다는 것이 10점이라고 한다면 지금은 몇 점 정도의 노력을 하신다고 보세요?

아 내 : 생각으로는 10점이지만 모든 게 다 결심대로 되는 것은 아니지요.

치료자 : 그렇죠. 지금 어느 정도 노력할 수 있는지요?

아 내 : 최대로 8점까지는 하고 있다고 봐요.

치료자 : 아! 8점까지요.

아 내 : 네.

치료자 : 그러면, 남편께서 부인의 어떤 모습을 보면 '아, 내 아내

가 8점 정도로 노력하고 있구나' 를 알 수 있을까요?

아 내 : 두 가지인데요, 자신의 애정표현을 다 받아들이고, 제가 좀 더 적극적으로 애정을 표현하는 것이죠.

치료자 : 구체적으로 어떤 것이지요?

아 내 : 많이 안아주고, 뭐 그런 것들이지요.

치료자 : 많이 하는 것은 개인마다 차이가 있는데요.

아 내 : 그렇지요.

치료자 : 어느 정도? 구체적으로 지금은 얼마나 하고 있는데, 앞으로는 얼마나 자주 할지 말해 줄 수 있어요?

아 내 : 우리는 일방적으로 그러기 때문에 ….

치료자 : 그런 모습을, 애정을 받아들이고, 표현할 때 부인이 노력한다는 것을 알 수 있다고 했는데, 남편께서는 어떠세요? 부인이 원하는 것과는 차이가 있지만, 얼마나 노력할 수 있는지요?

남 편 : 점수로 얘기하기는 어려운 것 같은데 … 전반적으로는 저도 가정을 원만하게 꾸리기 위해서는 저도 최대한 80~90% 노력하죠. 예를 들면, 집안일을 돕는다든지 그런것은 해왔고, 집사람도 인정해요.

치료자 : 네. 그래요. (남편에게) 아내에게 맞추려 노력하는 것 같은데 서로 점수는 비슷한데요. 아내가 남편의 어떤 모습을 보면 남편이 노력하고 있다는 것을, 부인에게 맞추려고 노력하고 있다는 것을 알 수 있을까요?

남 편 : 내가 좀 냉정해 주길 원하겠죠. 그렇게 되면 사실 나는 정신적으로 엄청난 소외를 받고 그러겠죠. 사람마다 천성이 있어요. 저는 그대로 마음이 나타납니다(남편은 자신의 태

도에 대해 스스로 자책을 하고 치료자는 남편을 격려한다.).

치료자 : 전반적으로 우리 부부의 점수가 지난주 5~6점이라고 했는데 1주일을 지내면서 볼 때, 오늘은 몇 점 정도나 되세요?

아 내 : 저는 그냥 같아요.

치료자 : 어떻게 떨어지지 않고 같죠?

아 내 : 일단 남편이 노력하고 있다는 것도 보이고 ⋯.

치료자 : 어떤 모습을 보셨는데요?

아 내 : 생활적인 모습에서는 자기 것을 잘 정리정돈하고 전보다 좋아졌어요.

치료자 : 아! 그것이 부인께서 바라시는 모습인가요? 남편이 정리정돈 잘 하는 게 ⋯.

아 내 : 그렇죠. 그게.

남 편 : 아니, 그게 바라는 게 아니라 그게 ⋯ 결벽증이 있을 정도로 심하지요.

아 내 : 그게 저는 미스 때도 제가 거의 살림을 꾸려나갔기 때문에 대충 치우면서 지냈어요. 그런데 결혼하면 더 예쁘게 하고 싶었지만 직장생활을 하다 보면 저도 퇴근해서 피곤하고 또 시간도 없고, 제 직업이 일정한 시간에 퇴근할 수 있는 것도 아니고 하니 남편이 좀 정리정돈도 해 주고, 그러면 훨씬 편해지죠. 요즘은 남자도 집안일을 해야 하잖아요? 신혼살림이니까 좀 더 신경을 쓰죠. 정리 잘 하고 그러려구요.

치료자 : 그렇군요.

남편은 몇 점 정도인가요?

남 편 : 6점 정도였지요? 지금은 지난번에 비해 점수가 낮아지지

는 않았죠.

치료자 : 조금 올랐어요?

남 편 : 조금이요. 0.5점 정도 오른 것 같아요.

치료자 : 뭐가 그렇게 오르게 했나요?

남 편 : 별일 없었고 싸우지 않았습니다.

치료자 : 어떻게 그렇게 잘 지내셨죠?

아 내 : 저 같은 경우에는 지난 일을 생각하고 싶지 않아요. 소용 없는 일이지요.

치료자 : 그래요. 그런 게 별 소용이 없지요. 어떻게 그렇게 바뀌셨지요? 그렇게 바뀌는 일은 쉽지 않을 텐데요.(남편이 계속 '네, 네' 하며 수긍한다.)

아 내 : 기본적으로 맞추려는 맘은 있어요.

치료자 : 아, 네! 맞추려고 하신다고요? 대단하시네요.

아 내 : 심정적으로는 이해하지요. 그런데 행동으로 잘 안 되어서 그렇지요. 지금은 가능한 한 제가 힘들어도 과격하게 표현하지 않으려고 노력하지요. 마음은 아니까요.

치료자 : (남편에게) 그런 것 아셨어요? 아내가 노력하는 것?

남 편 : 그렇지요. 그런데 ….(남편은 계속 성치료(sex therapy)를 받는 것이 필요하다는 주장을 했다.)

메시지

저희 팀 중에는 나이도 많으시고, 결혼생활도 오래 하신 분들도 계시는데, 두 분을 보시고 사랑의 마음이 많이 생기시나 봐요.

좀 전에 성치료(sex therapy)를 받아야 하는지의 질문에 관한 것인데요, 이것은 정말 개인적인 문제여서 그런 치료를 받아라, 받지 마라 하는 것은 어려운 것 같아요. 일단 남편은 받고자 하는데 아내는 그것을 원치 않은 상태에서 치료를 받으면 크게 효과가 있을지 … 아마 그렇지 않을 것이라는 의견입니다.

그리고 지난주에도 말씀드렸지만 결혼하신 지 1년밖에 안 되었지요? 대체로 대부분의 신혼부부들이 비슷한 어려움을 겪지요. 특히, 부부께서는 소개받아서 짧은 시간 만나고 결혼하셔서 서로를 알 시간이 좀 적었다는 생각이에요. 부부는 서로 다르고 또 서로에게 기대하는 것도 다르고, 모르는 것도 많고, 서로 다른 환경에서 성장하셨으니 모를 수도 있고 그렇지요. 신혼 때는 어느 가정에서나 이런 문제가 많이 일어납니다. 그래서 그 시기에는 서로의 폭을 좁히고, 이해하려는 노력, 서로 알고자 하는 노력이 많이 필요한 때이지요. 그런데 이 부부는 아주 개인적인 문제를 가지고 이렇게 도움을 받으려고 생각할 뿐만 아니라 이렇게 오시고 한 걸 보면 자신들의 문제를 빨리 해결하고자 하는 마음이 많으신 거죠. 아까 말씀하신 대로 이 문제를 해결하고자 하는 노력의 점수가 8점이나 되었잖아요? 그냥 이런 것들을 잠재우고 누르고 그런 부부보다는 문제 해결을 빨리 잘 해결할 능력이 있으신 거죠.

그런데 모든 부부는 각자 차이가 있지요. 부부가 서로 다른 것을 똑같이 할 수는 없기에 어떻게 차이를 좁혀나가느냐 하는 것이 평생의 과업이지요. 이것이 빠른 시간에 되는 것도 아니고 평생 해나가야 하는 과업이지요.

팀의 선생님들도 놀라시는데 이 부부는 문제를 터트려서 해결하고자 하시고 또 해결할 능력이 있으시다는 것이죠.

사랑에는 남편께서 말씀하시는 육체적 사랑도 있고 아내가 말씀하시는 정신적 사랑도 있지요. 이것은 어느 것이 옳은 것이냐, 그른 것이냐가 아니고 다 중요한 것들이지요. 그런데 사랑에 대한 서로의 차이가 있으신 것 같아요. 근본적으로는 서로 사랑이 크시고 그래요. 그림으로 표현해 보면 이렇게 그릴 수 있지요.(치료자는 각자의 영역을 원으로 표시하고 세월이 갈수록 중복되는 부분이 커지도록 그렸다.) 이렇게 각자 다른 영역이 있고 또 서로 공통적인 것이 있지요. 이것이 점점 넓어지는 거죠. 오래 살아서 나이가 들면, 노인이 되어서는 공통분모가 커지는 거죠.

두 분은 사랑이 크시고, 또 많으신 부부이기에 서로의 차이를 좁혀 가면 될 것 같아요. 그러니 다음 오실 때까지 어떻게 서로의 차이를 좁혀 갈 수 있을지, 공통분모를 넓혀 갈 수 있는지를 생각해 보세요.

제3회

◈ 참석자 : 남편, 아내

부부는 서로 웃으며 밝은 모습으로 치료실에 들어왔다. 아내는 옷도 화사하게 입고 화장도 잘 하고 머리도 새로운 스타일로 바꾸었다. 남편의 목소리는 크고 힘이 있고 의자에 앉자마자 크게 웃었다.

치료자 : 그동안 무엇이 좋아지셨어요?

아　내 : 특별하게 뭐가 좋아졌다기보다 일반적으로 많이 좋아졌어요.

치료자 : 구체적으로 뭐가 좋아졌어요?

아　내 : 뭐, 전반적으로 많이 좋아졌어요. 그동안에 구정 때도 제가 직장일로 좀 바빴는데 남편이 그것도 이해해 주고 …

이제 둘 사이에서 심리적인 것으로 부딪치는 경우는 조그만 일 빼놓고는 별로 없었어요. 우리가 문제라고 생각하는 것은 아직까지 부딪치지 않은 것인지 아니면 그걸 잘 알아서 피해서 잘 지나가는 것인지 … 그건 잘 모르겠는데 아무튼.

치료자 : 능력들이 많으셔서 그걸 잘 처리하시나봐요.

남 편 : 네.(강하게 표현한다.) 저희가 첫 번째, 두 번째 와서 선생님께서 진단해 주신 것, 그런 것을 집사람이 수긍하고 그러니까 크게 문제될 게 없고 … 물론 살다 보면 작은 문제들이 생기지만 그때마다 상담할 수는 없는 거고, 우리가 힘을 키워야지요.

치료자 : 그럼요, 그렇지요.

남 편 : 이제 문제의 원인을 알 것 같으니 지속적으로 실천에 옮겨야 하는 거죠.

치료자 : 그렇지요.

남 편 : 우리의 심적인 문제는 해결점을 찾아가는 과정에 있는 거죠. 양보할 건 양보하고, 무엇보다도 요즘은 크게 힘든 게 없습니다. 하루하루 편하게 지내지요.

치료자 : 아, 어떻게 그렇게 변할 수 있으세요? 어떻게 이렇게 짧은 기간에 큰 변화를 하셨어요?

아 내 : (웃는다.)

남 편 : 그래요. 집사람에게 묻고 싶지는 않지만, 글쎄, 뭐, 저는 뭐 그전에도 사람이 모질지 못해 가지고, 화가 나거나 긴장이 되면 그걸 빨리 풀고 완화하려고 했는데, 집사람은 화가 나면 계속 삭이지 못하고 해서 분이 많아지고 그랬

다는데 … 요즘은 뭐 말다툼이 있어도 화를 풀고, 분을 풀고 하지요.

치료자 : 그런 말씀 들으니 저도 참 좋은데요. 주변에서, 구체적으로 직장 동료가 보시기에 부인의 어떤 모습이 달라졌다고 보실까요?

아　내 : 전에는 절대 달라질 수 없다고 부정적으로 생각했던 것을 이제는 '성격은 빨리 달라질 수 없으니 천천히 달라지겠지' '시간이 좀 필요하겠지' 하며 수용하는 태도를 갖게 되었지요. 옛날에도 그런 생각은 했지만 마음으로 받아들여지지가 않았는데 지금은 그것이 받아들여져요.

치료자 : 아, 그렇군요. 직장의 동료가 부인의 어떤 모습을 보면, '아, ○○씨가 이제는 수용하는 태도가 생겼구나' 하는 마음이 들까요?

아　내 : 네. 남편이 직장에 자주 전화한다거나 해도 짜증내지 않고 잘해 주고 명랑하게 전화받고 하는 모습을 보면 제가 달라졌다고 할 거예요. 작은 부분인데요.

치료자 : 남편 보시기에 부인의 어떤 태도를 보고 우리 아내가 참 많이 달라졌구나 … 하세요?

남　편 : 일단 예민하게 반응하지 않고 … 저는 생활습관 면에서는 아내가 기대, 요구하는 정도에 달하지는 못했지만, 서로 잘 맞추면 될 것이고, 또 아내가 중시하는 마음도 중요하다고 인정하고 그래요.

치료자 : 남편 스스로 생각하시기에 남편의 어떤 모습을 보면 아내가 '내 남편이 좋아지고 있구나' 하실까요?

남　편 : 화를 일단 내지 않고, 모든 것을 내 뜻대로 하지 않으려고 하지요.

치료자 : 아! 그런 것들이 크게 달라지신 거군요. 워낙 잠재된 능력이 있으셔서 그런 것이 급속히 변할 수 있는 것 같군요.(분위기를 전환하여) 그런데 이런 변화들을 어떻게 하면 유지할 수 있을까요?

아　내 : 네. 저도 그런 것이 중요하다고 봐요. 어젯밤에도 그런 얘기를 했는데요. 이 정도 좋아졌으니 하고 안심, 방심 하는 게 문제라고 봐요. 언제나 상대가 바라는 것을 잊지 않고 의식하고 상대를 배려해 주는 것이 중요하다고 봅니다. 저도 제 감정이나 제 중심으로 빠지지 않으려고 생각하고 있거든요.

치료자 : 그게 정말 중요한데요. 바람직한 말씀을 하셨는데요. 계속 잊지 않고 배려한다고 했는데 그걸 위해서 구체적인 어떤 방법이 있으세요?

아　내 : 마음속에 기억하는 거죠. 구체적인 방법까지는 생각 못했는데 자연스럽게 이루어질 것 같아요.

치료자 : 아, 기억해야 된다고 하셨는데요. 어떻게 해야 이 기억을 유지할 수 있을까요?

아　내 : 저희 부모는 절에 다니시는데요. 어릴 때 불당에도 따라가고 했어요. 그래서 힘들 때는 부처님께 빌어도 보고, 또 그런 책도 읽고 하지요. 힘들 때는 사실 간단히 마음속으로 기도하고 하는데 이것이 도움이 되지요.

치료자 : 아! 네, 그렇군요!

남편께서는 어떠세요? 이걸 유지하기 위한 방법은요?

남　편 : 저는 과거의 힘들었을 때를 회상해 보며 가정의 평화를 유지하기 위해 노력해야지요. 믿음만 있다면 조금 힘들어도 양보할 수 있고, 또 서로 대화를 해서 풀 수 있어야 하는데 이것이 안 될 때는 서로 어떻게 하자는 합리적인 방안을 마련하면 앞으로 탄탄한 결혼생활을 할 수 있다고 봅니다.(계속 아내에게 몸을 기울이고 설명하듯이 얘기한다. 아내도 대화로 문제를 풀어나가는 것에 찬성을 하며 자신이 책에서 본 대화방법에 대해 설명한다.)

치료자 : 각자 이렇게 변화했는데 이것을 잘 유지할 자신이 몇 점이나 되세요?

남 편 : 자신감은 (크게 웃는다.) 하루하루 충실하게 지내면 되지 않을까요? 아까 말한 대로 양보 좀 하고, 대화가 잘 되면 자신 있습니다.

치료자 : 10점 척도에 의하면 몇 점 정도지요?

남 편 : 9점 정도요.

치료자 : 아, 그러세요? 부인은요?

아 내 : 저는 8점 정도요. 안심되는 부분은 분명히 있어요. 결혼에 대한 태도, 서로에 대한 기대, 배우자에 대한 배려, 이런 것에 대한 사고의 전환이 있었다고 봐요. (남편에게) 바라는 것으로부터 내가 어떻게 해야 하나를 생각하게 되었지요. 사고의 전환이 있었어요. 그래서 앞으로는 상당히 희망적이죠. 남편이 잘못을 해도 잘못이 없을 것이라고 생각하고 싶어요. 남편도 그럴 것이라고 제가 믿어요.

남 편 : 이게, 가정이라는 것이 단어만 똑같을 뿐이지 엄청나게 다를 것 같더라구요. 이런 가정 저런 가정, 지옥에서 천당까지 모든 게 다 있을 수 있다고 봐요. 잘하면 할수록 행

복이 있으리라고 생각해요. 선생님 말씀대로 계속 맞추어 나가면서 서로를 이해하기 위한 평생의 노력을 해야 한다고 봐요. 이것을 과업으로 생각하고요.

치료자는 내담자들이 구체적인 방안을 탐색할 수 있도록 도와줬다.

치료자 : 요즘은 몇 점 정도나 되세요?

남 편 : 글쎄요. (약간의 침묵) 8.5~9점, 85~90점 사이요.

아 내 : (남편의 표현을 반기며) 어머, 저도 8.5점이라고 생각했었거든요.(몸을 치료자에게 기울이고 말했다.)

치료자 : 아, 그래요? 정말 많이 올랐군요. 이런 모습, 배우자의 구체적인 어떤 모습을 보고 이렇게 느끼셨어요?

남 편 : 글쎄, 저희도 모르죠. 있다면 생활이 계속 꼬였는데 해빙되듯이, 눈이 녹듯이 집사람의 마음이 풀린 것 같아요. 주변적인 것은 제가 좀 노력을 해야죠. 생활습관, 대화하는 것 등.

아 내 : 해빙으로 보는데 저는 제 생각을 바꾸고, 남편이 노력하는 모습을 보이고 하니 저도 반성하고 잘해야겠다는 생각이 들고 그래요. 그 구체적인 것은 생활 속에서 나타나는 것이니까요.

치료자 : 정말 그렇지요. 표정도 밝고, 특히 아내께서는 예뻐지셨어요. 정말 좋아 보이는군요.

남 편 : 기초를 좀 더 단단히 쌓고, 그런 면에서 노력해야지요.

치료자 : 네. 그래요. 잠깐 뒤에서 팀을 만나고 올게요.

메시지

오늘은, 오시면서부터 달라진 모습을 볼 수 있었어요. 밝아지고, 예뻐지고, 서로 노력을 많이 하고 능력도 크시고 해서 이렇게 달라졌다고 생각합니다.

이렇게 된 것은 서로 두 분이 깊게 사랑하고 또 가정을 잘 유지하고자 하는 마음이 크시고, 개인적으로 능력이 있으시고 해서 이런 변화를 이루었다고 봅니다.

결혼 초기(신혼)에는 자기가 자란 가족의 영향을 받아 그런 식으로 생활하기 쉽지요. 그래서 서로 다른 생활이나 생각, 태도 때문에 서로 힘들어 하곤 하는데 이것은 이 가정뿐만 아니고 대부분의 신혼부부들이 갖는 문제지요. 신혼 때는 대체로 상대방의 여러 측면, 즉 가족, 친구, 배우자의 여러 배경을 이해하려는 과업이 있지요. 그런데 두 분은 서로 섭섭한 것들을 얘기하시면서 서로 잘 풀어 오셨습니다.

또, 한 가지 감동스러웠던 것은 남편이 노력을 하시니까 거기에 대해 감명받아서 잘해야 되겠다고 생각하시고 … 정말 두 분은 서로 간에 사랑이 넘치세요. 부부는 서로 상호작용하며 변하는 것이지요. 이렇게 해서 누군가가 작은 변화를 하고 또 그것에 영향을 받아 다시 변화하고 그러면 큰 변화를 이끌어 낼 수 있지요.

변화를 유지하는 방법을 기억하시면서 앞으로 더욱 행복한 가정을 꾸리시기 바랍니다.

부부는 자신들의 관계를 긍정적으로 진단해 준 것에 감사하다는 표현을 했다. 즉, 문제가 많은 부부라고 생각했는데 사랑이 크고 능력이 있는 부부라고 말해 준 것이 원동력이 되었으며 이 점이 도움이 되었다고 스스로 치료에 대한 평가를 했고 이제 스스로 두 사람의 관계를 발전시켜 보기로 했다. 한 달 후 전화하기로 하고 종결했다.

신혼의 차이

1. 사례 개요

본 사례는 결혼 4년차인 30대 부인이 우울증으로 신경과에서 치료를 받던 중 부부간의 상호작용 문제가 우울증의 원인으로 판단되어 신경과 의사의 권유로 본 상담자에게 의뢰된 경우다. 이 부부는 부부간의 성격차이, 대화부재, 성문제로 인해 상담 신청 시 이미 3주간의 별거를 하고 있는 상태였다. 6회의 상담으로 상태가 호전되어 종결하였다.

1) 의뢰과정

부부가 상담받기로 합의한 후 아내가 본 상담자에게 연락하여 상담이 시작되었다.

2) 가족사항

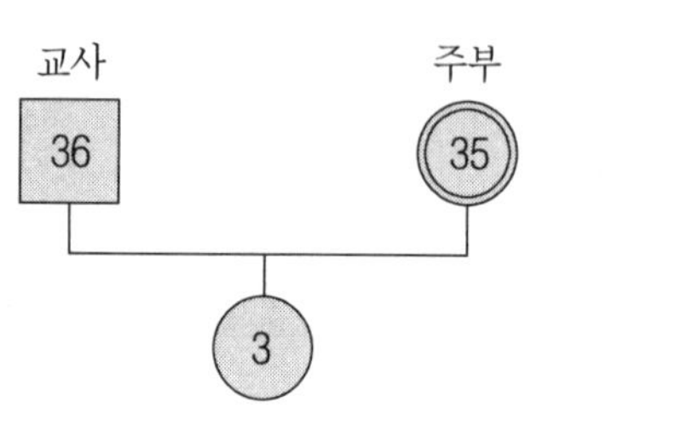

3) 제시된 문제

부부간에 일어나고 있는 여러 가지 문제

2. 치료과정

3주째 별거 중인 부부는 6회의 면담이 이루어지는 동안 세 번은 부부가 함께 내방하였고, 두 번은 부인만, 한 번은 남편만 내방하였다.

제1회

◈ 참석자 : 부부

치료자가 여기 와서 무엇이 달라지면 상담이 도움이 되겠느냐고 질문하자 남편은 ① 아내의 '우울증'이 고쳐지는 것, ② 아내가 부부문제를 남편의 탓으로 돌리지 않는 것, ③ 부부문제의 원인이 누구에게 있는지 확인하고 싶은 것이라고 하였다. 아내가 원하는 것은 ① 결혼 유지, ② 자신이 '우울증' 인지 확인하고 싶은 것이었다. 부부가 모두 아내의 '우울증' 에 초점을 둔 이유는 아내의 '우울증' 이 부부문제의 근원이라는 생각에 아내의 '우울증' 이 고쳐지면 문제는 해결될 것이라는 남편의 생각 때문이다.

부부는 3년간 성관계가 없었으며 부인이 성관계를 원한다는 표현을 했으나 남편은 '나는 마음이 없으면 성관계를 할 수 없다' 며 거부하여 왔다. 결혼기간 동안 많이 다투고 갈등이 많았으나 부인은 딸 때문에 이혼을 하지 못했고, 남편도 가정을 유지하기 위해 많이 참고 노력했다고 하였다. 그동안 부인은 "부부문제의 많은 부분을 나 자신의 탓으로 생각하여 '저자세' 로 살았는데 최근에 신경과 치료를 통해 모든 것을 나 혼자만의 탓으로 돌리는 것은 불합리하다"는 생각을 하게 되었다.

부부의 관계에 대한 점수는 최악의 경우를 1, 가장 좋은 경우를 10으로 할 경우, 남편은 현재 상태를 1, 평상시를 3이라 하였고, 부인은 '딸을 위해서' 라면서 5점을 주겠다고 하였다.

메시지 전달에서 부부가 가정을 유지하기 위해 많은 노력을 해온 점을 칭찬했으며, 최초 상담 약속 시 이혼의사가 없음이 확인된 부인과는 달리 남편의 이혼의사는 상담과정을 통해 알 수 없었으므로 남편에게 개별면접에 오는 것을 과제로 주었다.

제2회

◈ 참석자 : 부인

첫 면담 후 3일 만에 부인이 내방하였다. 첫 면담 후 좋아진 점은 별거로 인해 남편이 데리고 있던 딸을 자신에게 데려다 준 것으로 부인은 현재 딸과 함께 지내고 있다. 지난 면담 시에 부인은 결혼 유지를 원한다고 했으나 현재는 오히려 결혼 유지에 대한 확신이 줄어들었고 결혼 유지를 희망하는 정도는 절반으로 줄어들었다고 했다. 더 나빠지지 않은 것은 딸을 데리고 있기 때문인 것 같다고 했다. 결혼생활 중 남편과 사이가 좋았었던 때는 자신이 먼저 남편에게 사과하고 남편을 달랠 때였다. 앞으로도 그렇게 해야 결혼생활을 유지할 수 있을 것 같은데 시간이 지나면 가능할 수 있을지는 모르겠으나 현재로서는 계속 그렇게 하지는 못할 것 같다고 하였다.

지난번 면담에서는 부부관계를 5점이라고 했는데 1점 올리려면 무엇을 하면 가능하겠는가 하는 척도 질문에 자신이 먼저 남편에게 대화를 시도하고, 남편에게 맞추는 행동을(예를 들면, 남편에게 '미안하다' 말하기, 맛있는 음식 만들어 주기, 웃어주기…) 좀 더 하면 가능할 것이라고 했다. 자신의 친정 부모님도 남편에게 먼저 화해를 청하라고 하지만 지금은 못할 것 같다. 부인은 '남편만 상담받으면 좋겠다. 나는 내 얘기하는 데 지쳤다' 며 남편이 변화됨으로써 부부관계가 개선되기를 희망하였다.

메시지로는 살아보려는 노력, 모성애, 남편에게 양보하는 것 모두 결혼에 대한 책임감과 어머니로서의 사랑으로 인한 것이고 훌륭하다. 그런데 살아보려는 노력을 실행하려면 살고자 하는 결단이 필요한데 내담자는 아직 이혼 생각이 절반이라고 했으므로 1주일의 2일 동안 동전을 던져 하루는 이혼한 경우를 계획, 상상해 보고 정리해서 적어보고, 다른 날은 결혼생활을 계속할 경우를 계획하고 상상하고 적어보는 것을 과제로 주었다.

제3회

◈ 참석자 : 남편

첫 면담 후 1주일 후에, 예정대로 남편 혼자 내방하였다. 남편은 아내가 우울증 환자라고 거의 확신하였으며 아내가 정신과에서 우울증 치료를 받으면 좋겠고 자신의 문제를 스스로 깨닫기를 바라고 있었다. 아내에게 치료가 필요한지, 약을 복용해야 하는지, 약을 사용할 가능성에 대해 치료자가 어떻게 생각하는지에 관심을 가지고 있었다.

남편은 산후우울증에 대한 이해가 별로 없었고, 자신이나 부부관계가 아내의 우울증에 어떤 식으로 원인 제공을 하였을지와 영향을 미쳤을지에 대한 인식이 거의 없었다. 이 부부의 문제해결에 도움이 될 만한 형제나 가족이 있는지 탐색했다. 남편은 현재의 부부문제에 자신은 잘못이 없고 최대한 노력을 다했다는 태도를 보였다. 애써 보겠다는 의지 면에서 척도점수에 10점을 준 것이 주목할 만하였다.

이 부부는 감정의 기복이 심한 편인 부인이 산후우울증세로 감정 기복이 더욱 심해졌는데 이에 대한 남편의 이해가 부족하며 단정적이고 융통성이 적은 편인 남편이 부인에 대해 이해를 하지 못하면서 부부문제가 장기화되었다고 파악되었다. 문제가 장기화됨에 따라 남편은 부인에게 '우울증 환자' 라는 낙인을 찍게 되었고, '우울증 = 정신병' 이라는 생각과 함께 '우울증' 에 대한 정신과 치료를 하지 않으면 상황개선은 불가능하다는 생각을 하고 있었다. 부인도 이에 따라 자신이 과연 '우울증' 이어서 약물치료를 포함한 정신과적 치료를 받아야 하는지 확신이 서지 않는 상태였다. 따라서 남편 측에서 부인의 우울함에 대한 정확한 이해를 함으로써 부인에게 좀 더 여유 있고 이해하는 태도를 보이는 것이 필요하다고 판단되었다.

메시지로 가정을 잘 꾸리려 하는 의지를 칭찬하였고 과제는 산후우울증 등 여성의 우울증에 대한 정보수집과 문제해결을 위해 도움이 될 것이 무엇이 있는지 생각해 보도록(예, 장인어른과 부부문제에대해 얘기 나누기) 하였다.

치료자 : 지난번에도 여쭈어 봤는데, 여기 오신 결과로 뭐가 지금 상황으로부터 좀 달라지면 좋으시겠어요?

남　편 : 제가 이 센터에 대해서 정확하게 잘 모르는데, 어떤 역할을 이 센터가 하는지 잘 모르고 대강만 알고 왔는데, 부부관계 개선을 시키는 정도만 알고 왔고요. 솔직하게 말씀드리면 집사람이 좀 문제가 있다고 생각하고 있어요. 집사람이 (정신과)치료를 받고자 하는 생각이 들었으면 좋겠어요. '치료가 없이는 관계 개선이 없다' 는 것이 제 선입견이고, (남편은 자신의 '생각' 을 조심스럽게 말하기 위해 '선입견' 이라는 단어를 사용하고 있는 것으로 보임) 치료가 필요 없는 경우라면, 집사람이 자신에게 문제가 좀 있다는 생각을 가질 수 있으면 좋겠고, 제가 너무 단순하게 생각하는지 모르겠지만, 아내가 갑자기 울적해지는 것 그런 것만 없으면 좋겠어요. 옛날에는 기분이 우울해져서 나에게 뭐라고 하는 것, 즉 생트집을 잡는 게 힘들었는데, 이제는 아내가 우울해지면 저는 '나에게 또 생트집을 잡겠구나' 하는 생각이 들어서 그 사람이 우울해지는 것 자체가 참기 힘들어요.

치료자 : 이제는 '이 사람이 우울해졌다. 나에게 또 생트집을 잡겠구나' 하는 생각을 하게 되는 것 자체가 싫은 것인가요?

남 편 : 네. 그 상태조차도 싫은 거예요.

치료자 : 왜 그렇게 달라졌을까요?

남 편 : 경험으로 그렇게 된 것 같아요. 많은 노력은 하지 못했지만, 제 노력이 좌절되어 이제는 차라리 '안 보는 게 낫겠다' 하는 판단이 되고, '안 보는 것이 낫겠다' 하는 생각이 든다는 것 자체도 저에게 힘들고요. 아내의 기분을 바꿔볼 능력이 없다는 생각이 들어서 힘들어져요.

치료자 : 노력은 많이 하시는데 잘 안 되니까 힘들어져서 그렇게 되었군요. 지난번에 부부관계를 1점이라고 하셨는데 지금은 어떠신가요?

남 편 : 마찬가지예요.

치료자 : 상담을 통해서 부부관계를 좀 바꾸어 보겠다 하는 의지 면에서 1~10점 중 몇 점에 가까울까요? 10점이 가장 많은 의지를 가진 것이라 할 때.

남 편 : 10점이요.

치료자 : 아, 10점에 가깝다고 생각하세요.

(중략)

(아기 출산 후 아기의 질병으로 힘들었던 이야기를 하였다.)

(정신과에서 치료받던 이야기를 하였는데 남편은 아내가 우울증 치료를 받아야 한다고 생각했으나 치료가 중간에 중단되었다고 하였다. 정신과 의사가 처방한 약을 아내가 복용하지 않았었고 정신과에서 개인상담 치료만 받았다고 하였다.)

(치료자는 본 기관에서의 상담에 대해 다시 설명하였는데 이 부부의 관계 문제가 정신질환의 문제와 결부가 되어 있더라도 부부상담이 도움이 될 수 있음을 알려 주었다.)

치료자 : 약을 먹어 보면 어떠냐는 얘기도 했다 하고 우울증인 것 같고, 산후우울증이 매우 컸던 것 같네요. 아기를 24시간 책임져야 한다는 것과 자기 몸도 힘든 것이 흔히 산후우울증을 만들지요. 매우 흔한 것이에요. 그때 약을 좀 먹었으면 어땠을까 하는 생각이 들어요. 우울증은 심한 질환은 아니고 보통 약을 먹으면 치료가 됩니다. 약도 드시고 가족관계에 변화도 있었으면 변화가 있었을 텐데 계속 같은 상태가 오래되다 보니 이렇게 된 것 같군요.

치료자는 우울증에 약물치료가 필요한 경우에 대해 설명하였으나, 이와 함께 가족관계가 우울증에 중요하게 영향을 미침을 강조하여 설명하였다.

치료자 : 단비엄마가 치료를 받으면 좋겠다고 하셨는데, 치료를 받더라도 가족관계에 변화는 있어야 해요. 아빠가 어느 정도로 다르게 할 생각이 있으신지 궁금하네요. 예를 들면, 지금은 부부관계가 1점이라고 하셨는데 부부관계를 2점으로 올리려면 아빠가 뭘 좀 다르게 할 수 있을까요? 갑자기 큰 거 말고 ….

남　편 : 현재로는 제가 잘못한 게 없다고 생각하거든요. 특별하게 제가 뭘 개선을 해야 할지 … 제가 할 수 있는 한 최대한으로 다 했다고 생각하거든요. 예를 들면, 애를 돌본다든가, 집안일을 돕는다든가, 집사람과 시간을 같이 보낸다든가, 제가 할 수 있는 한 다 했다고 생각이 되어요. 그런데 집사람이 우울한 상태에 빠져 들어 저에게 했던 것을 또 할 때 그걸 더 참아 보라고 하면 도저히 더 이상은 참을 수 없다고 생각이 돼요. 그게 여태까지 안 된 것이거든요. 그거 말고는 제가 할 수 있지요.

치료자 : 만약에 단비엄마가 치료를 받지 않는다고 하면 (부부관계 개선을 위해) 노력하고자 하는 의지가 10이 아니고 몇 점쯤 될까요?

남 편 : 자신 없어요.(작은 소리로) 하고 싶다 안 하고 싶다를 떠나 할 수가 없을 것 같아요. 제 능력 밖의 일로 생각이 돼요.

치료자 : '할 수 없을 것이다' 이런 의미신가요? 그럼, 조금만 더 참아 보려고 할 때 구체적으로는 어떤 게 있을까요?

남 편 : 이 사람이 그런 상태에 있다는 것을 조금 더 인정하는 것, 그런 거겠지요. 이전에는 내가 왜 이 사람을 환자 취급해야 되느냐 … '이 사람은 정신병자야' 라고 그 판단을, 생각을 정립하는 그 자체가 무서웠어요. 이 사람에게 죄를 짓는 것 같기도 하고 … 남의 집 멀쩡한 딸 데려다 살면서 왜 이 사람을 정신병자로 몰아야 하느냐라고 생각이 든 거가 두려웠어요. 지금은 어쩔 수 없이 그렇게 생각을 해야지 내가 참을 수가 있어요.(남편은 아내의 문제를 정신병으로 생각하고 있고 정신과 치료만이 유일한 방법으로 생각하고 있다.)

치료자 : 정신질환을 갖고 있다고 생각하는 게 힘들고 싫은 것은 정신질환을 무엇이라고 생각하기 때문에 그러셨을까요?

남 편 : 비정상적인 것 … 남과 똑같지 않은, 부족한 사람, 그래서 남의 힘을 빌려 살아야 하는 사람.

치료자 : 우울증인 경우는, 제 생각에는, 완전복구가 되지 않는 핸디캡을 가지고 있는 사람, 마치 다리가 절단된 그런 사람의 경우와는 다른 것 같아요. 감기나 폐결핵에 걸렸다면 나을 수 있잖아요. 정신질환에는 여러 가지가 있고 나을 수 있는 경우도 있어요.이 우울증은 '마음의 감기' 라고 흔히 부르는 신경증이고, 약을 복용하는 등의 방법을 통해 완쾌될 수 있는 것이에요. 그렇게 생각하면 내가 왜 남의 집 딸에게 정신병이라고 이렇게 해야 하나 하는 염려를 안 하셔도 되지요. 실직, 실연 등으로도 우울증이 생길 수 있고, 또 완쾌될 수 있습니다. 정신증은 완쾌되는 수가 적은 편이지만, 신경증은 그렇게 심각한 것은 아니에요. 이 정도 우울증은 흔한 것이고요. 빨리 좋아질 수 있었을 텐데 본인이 약을 먹으려 하지 않았기 때문에 빨리 회복되지 않은 것 같고요. 제 생각에는 의사가 약을 먹으라고 권했으면 약을 먹는 게 빨리 회복할 수 있었을 것 같아요. 이제는 단비도 커서 힘도 덜 들고 해서 부부관계가 달라진다면 부인의 우울문제는 달라질 수 있는 문제라는 생각이 들어요.(우울증에 대해 설명하였다. 정신증(병)에 비해 '우울증' 은 심각한 것이 아니며 매우 흔한 감기 같은 것임을 강조하여 설명하였다.) 지금 친정 부모님은 어느 정도 알고 계시나요? 단비 아빠는 장인장모님에게 의논드릴 생각을 해 보셨는지요?

(중략)

친정부모와 친정식구를 문제해결의 자원으로 활용할 가능성에 대해서 검토해 보았다.

치료자 : 제가 잠깐 나가서 상담한 것을 정리하고 오려고 하는데 궁금하신 것 있으신지요?

남 편 : 이러한 과정에 대강 어느 정도의 기간을 갖고 일하시는지요?

치료자 : 아, 어느 정도의 기간이요? 문제가 해결된다고 볼 때요? 부부마다 다 다른 것이지요. 똑같은 사람이 없으니까.

남 편 : 그런 식으로 해결방법이 안 될 거잖아요 … 저한테도 어떻게 하라고 하시면 따르겠지만, 선생님께서 이 사람을 보실 때 약을 먹었으면 좋겠다고 생각하십니까?

치료자 : 제가 보기에는 그래요. 우선, 우울증은 굉장한 정신질환은 아니고요. 사람들이 말을 안 해서 그렇지, 요즘은 우울증 약을 사용하는 사람들이 상당히 많이 늘어났어요.

남 편 : 선생님이 이 사람이 말하는 내용이나 태도를 보시잖아요? 선생님이 판단하시기에 이 사람이 그런 치료가 필요한 사람이라고 생각하시나요?

치료자 : 우울한 거는 확실하니까요. 그리고 의사선생님이 권했다고 하니까요. 지금 별거하는 것만 해도 힘든 것이니까요. 그리고 사람마다 같은 사건을 겪어도 더 심하게 정서적으로 경험하는 사람이 있고, 좀 쉽게 넘어가는 사람이 있고, 차이가 있지요.

남 편 : 만약 그렇다면, 집사람이 약을 먹을 가능성이 있다고 보세요?

치료자 : 글쎄요. 그건 저도 모르겠어요. 단비아빠가 사실 더 잘 아시겠지요. 3년 이상을 같이 지내셨으니까.

남 편 : 다시 말씀드리지만 여기서 이런 과정을 거치면서, 약을 먹

어 보았으면 좋겠어요.

부인의 정신과 상담치료를 맡았던 정신과 의사에게 본 상담자가 연락하는 것을 부인이 원하지 않았으므로 부인에게 약물치료가 필요한지 여부는 이 시점에서 알 수 없었다. 다만, 여태까지 부인을 면접한 결과에 의하여 산후우울증과 부부관계가 부인의 우울함에 중요하게 영향을 미쳤을 것이라는 판단하에 남편에게 설명하였다.

메시지

지난번에도 참 단비아빠가 대단하시다고 생각했는데, 왜냐하면 갈등이 있어서 어려운 상황인데도 여기까지 오신다는 게 쉬운 게 아니고 경제적으로도 부담이 될 텐데, 다 좋은 가정을 만들겠다는 의지의 표현이라고 생각이 돼요. 그리고 조금 아까 애써 보겠다는 의지가 10이라고 하신 것도 '아 노력을 참 많이 하시는구나' 하는 생각이 들어요. '좋은 가정을 만들겠다' '좋은 아빠가 되겠다'는 노력을 많이 하시는구나 하는 생각이 들어요. 그런데 그 생각을 좀 더 행동으로 옮기시면 좋겠다는 생각이 듭니다. 큰 것은 아니고요, 여성들이 어떻게 우울증을 가지게 되는지, 물론 여태까지도 찾아보셨지만, 정확한 정보가 있으면 우리가 판단하고 생각하는 데 더 도움이 될 것 같거든요. 그리고 또 하나는 이 어려운 문제를 해결하는 데 도움이 될 것이 무엇이 있는지 좀 생각을 해 오시라는 것이에요. 아까 우리가 얘기한 것 중에 장인어른과 얘기하는 것도 한 가지 예가 될 수 있겠어요.

그럼 과제로 드린 우울증에 대해 알아보는 것과 어떤 해결방법이 있겠는가 생각해 오십시오.

제4회

◈ 참석자 : 부인

남편을 상담한 지 1주일 후 부인 혼자 내방하였으며, 좋아진 것은 감정이 많이 풀린 것이라고 하였다. 그동안은 남편이 이혼하자고 하면 할 생각이었으나 아직은 이혼으로 딸을 떠나보낼 마음의 준비가 되어 있지 않으므로, 따라서 자신이 먼저 이혼을 제기하지는 않을 계획이다. 그러나 남편이 변하면 좋겠고 가끔씩 부부 사이에 일이 왜 터지는지 모르겠으며, 자신은 전혀 우울하지 않은데 자신을 '비정상'이라고 낙인찍는 남편을 문제라고 보았다.

이혼을 하고 싶은 적도 많지만, 딸을 생각해 보면 이혼한 부모에게서 자라는 것보다는 서로 냉랭한 부모 밑에 사는 게 더 나을 것이라고 생각하고 있다.

메시지로는 딸에게 해가 되지 않으려는 태도는 모성애에서 나온 것임을 칭찬하였으며, 과제는 무엇이 딸에게 진짜로 도움이 될지를 생각해 보는 과제를 주었고 다음 회기에는 부부가 함께 오도록 하였다.

제5회

◈ 참석자 : 부부

약 3주 만의 면담으로 그동안 부부는 각자의 원가족과 많은 얘기를 나누었으며 남편은 휴가 중에 많은 생각을 할 수 있었다고 하였다. 두 사람 모두 상대방에 대한 포용력이 생겼는데 부인은 이 포용력을 표현할 수 있는 구체적인 행동들을 생각해 냈으나 남편은 이 포용력을 행동으로 옮길 수 있을지 자신 없어 하였다.

부인은 부부관계에서 1점을 더 올리려면 남편에게 식사를 잘 챙겨 주고, 마음 편하게 해 주고, 아기 잘 돌보고, 별거 중이지만 꿋꿋이 잘 지내는 것을 구체적인 행동으로 들었다. 남편은 1점을 올리려면 자신의 직장 등 주변 이야기를 아내에게 해 주기, 같이 시간 보내기, 따지지 않기를 구체적인 행동으로 꼽았다.

메시지로 상대방에 대해 이해하고 너그러워진 점을 칭찬하였고 과제는 상대방이 포용심을 표현할 수 있도록 각자가 상대방을 어떻게 도울 수 있을지 생각해 보기로 하였다.

치료자 : 처음에 왔을 때보다 무엇이 진전된 것 같으세요?

남　편 : 음 … 저에 대한 문제인데 … 음 … 제가 집사람을 볼 때 가장 혼란스러운 부분이 뭐였냐면 어떤 싸움이 있을 때 미안하다고 사과하고 난 후에 제가 그것을 싫어하는데도 똑같은 행동을 반복했었는데 그것을 제가 양면성이라고 했어요. 그리고 제 생각에는 저는 한 번 생각한 것은 처음부터 끝까지 밀고 나가야지 잘못했다고 하는 것은 이해할 수가 없었어요. 그런 부분에서 양면성이라 생각하고 아내를 이해하지 못했으며 불만스럽게 생각했고, 어떤 것이 진실이냐에 대해 혼란스러웠거든요. 그런데 처제가 그렇게 이야기를 하더라고요. '이것도 진실이고, 저것도 진실이다' 나중에는 미안하지 않더라도 일단 미안하다고 그럴 때 미안하다는 것을 의심하지 말라는것. 그것도 사람 성격인데 그 부분에서 좀 … 내가 너무 고지식하게 판단을 하고 그 원리에 대해서 파고들고 그런 부분에서 지치게 만들어서 그렇지 않았을까 … 그런 생각이 들어요.

치료자 : 그러니까 양면성에 대해서 혼란이 많았는데 많이 이해가 되신 거네요. 사람이 그때그때 자신의 감정에 충실하게 감정을 표현하는 것이라는 이해가 많아지셨네요?

남 편 : 그런 셈이지요.

치료자 : 네. 그런데 어떻게 그렇게 변화가 있었을까요?

남 편 : 제가 생각하기에는 이런 부분에 대해서 이 사람 말고 장인어른이라든지 … 처형이라든지 … 제3자의 이야기를 많이 듣게 된 것이지요. 그래서 그런 판단이 조금씩 들기시작한 것 같아요. 그런 이야기를 들으니까. '네가 생각했던 것들이 문제가 있다' '그런 생각이 꼭 맞는 것은 아니다' 라는 이야기를 들으니까 그런 식으로 생각을 해야 하는 것 아닌가 하는 생각이 들었어요.

(중략)

치료자 : 생각을 많이 하셨네요. 그래서 '이것도 진실이고 저것도 진실이다' 이렇게 생각하게 되니까 단비엄마와의 사이에서 달라진 점은 뭐가 있을까요?

남 편 : 어 … 지금 그런 해결이 있은 다음에 집사람과의 접촉이 없었기 때문에 … 생각 같아서는 집사람이 그러한 면이 있으니까 그것을 좀 수용할 수 있는, 포용할 수 있는 마음을 가지면 제가 짜증이 나고 그러지는 않을 것이라는 생각이 듭니다. 제가 지금 가장 부담스럽고 큰 과제라고 느끼는 것은 내가 지금 '그럴 수 있겠다' 라고 생각하는 것이 과연 행동으로 옮겨질 것인가 하는 것입니다. 이런 식의 사고를 여태

까지 하고 살아왔기 때문에 행동이 고쳐질 것인가 하는 ….

치료자 : 그런데 심리학이나 상담에서는 일단 사람이 행동을 바꾸려면 우선은 문제에 대해 지각하는 것이 필요하다고 보고 있어요 ….(인지행동이론에 따라 행동변화를 위해서는 문제에 대한 지각이 먼저 필요함을 간략하게 설명하였다.) 그러나 아마 금방 행동으로 옮겨지지는 않을 거고 시간이 가면서 점차 행동으로 바꾸어질 수 있는 것이지요. 좋은 시작이 됐다는 점에서 축하를 드립니다. 여유를 가지고 다른 관점에서 생각을 하셨다는 것 … 그리고 또 뭐가 달라지셨어요?

남 편 : 내 나름대로는 온갖 신경을 써서 집사람한테 해 준다고 하는데도 불구하고 집사람의 감정을 어떤 식으로든지 건드렸던 것 같아요. 내가 신경을 쓰는 방법이 잘못됐는지 신경을 쓰는 것이 부족했던 것인지 알 수 없는데 따라서 더 '이 사람에 대해서 어떻게 해 줄 수 있다' 라는 부분을 지금 당장은 모르겠어요. 어려운 것 같아요.(남편은 지각은 바뀌었으나 행동변화에 자신이 없음을 계속하여 피력하였다.)

치료자 : 단비아빠께서는 하여간 '자신은 선한 마음으로 도왔더라도, 방법이 엄마가 원치않는 방식으로 표현되었기 때문에 단비엄마가 기분이 좋지 않았을 것이다. 그래서 나는 그 방법을 모른다. 앞으로는 그 방법을 알아서 표현을 해야 하는데 단비엄마가 도와줬으면 좋겠다' 그런 생각을 하신 거죠? 음 … 이런 생각을 하는데 처제와 이야기를 하셨고 아버님하고 이야기 나누셨고, 또 누가 도움이 되셨어요?

그 전날 장인을 만나 나눈 얘기를 통해 두 사람 사이에는 문제가 뚜렷이 있다기보다는 서로에 대한 시각의 변화가 필요하다는 인식을 하게 되었다는 설명을 남편이 하였다.

남 편 : 그러니까 제 아내가 여태까지 살면서 같은 방법으로 다른 사람한테도 이런 식으로 감정을 표출하지 않았을까 하는 생각이 들고, 그런데 저는 저한테 보이는 그런 행동을 우울증이라고 생각한 것은 아닌지라는 생각이 들었어요. 결혼 전에 친정에서도 그렇게 똑같은 행동들을 했다면 친정에서는 이 사람에 대해서 어떻게 생각할 것인가에 대해서 궁금했었는데 괜히 내가 엉뚱한 사람을 정신병이 있다고 생각을 했던 것 같아요. 이 사람이 특별하게 감정의 기복이 있는 것이고 그것은 성격에 불과한 거지 정신질환은 아니다라는 생각을 가지게 됐어요. 그런데 그것을 내가 수용하는 것이 모자랐었고 ….

(중략)

치료자 : 많은 변화가 있었네요. 2~3주 동안에 아주 좋아진 것 같네요. 엄마는 좀 어떻게 뭐가 좋아지셨어요?

아 내 : 딱히 이야기를 잘 못하겠는데 이 사람 이야기 들으면서 생각나는 것은 제가 정신과 치료를 받으면서 알게 된 것은 정신이 건강한 사람은 아무리 극단적인 절망에서도 이겨낸대요. 그것은 누구나 상식적으로 아는 이야기인데, 그런데 내가 상처를 치유하는 능력이 보통 사람들보다 약하다는 거, 몸이 아픈 사람처럼 면역력이 약하다는거, 그런 거는 제가 충분히 수용을 하는 거 같아요. 다른 사람들이 보

면 별일이 아닌 것을 가지고 굉장히 부정적인 생각으로 미워하고 화를 내고 의심하고 실망하고, 부정적인 생각들을 아빠랑 이야기하고 식구들하고 이야기하면서 굉장히 많이 도움이 됐거든요. 식구들이 이야기하는 것은 그 생각의 중심, 그 생각을 지배하는 것은 너 자신이다. 네가 스스로 마음을 잡지 않으면 모든 환경적인 요인에 휘말려 다니게 된다. 상식적으로 생각해도 보통 불행하게 사는 사람들이 환경적인 요인에 떠맡겨져 가지고 밀려가는 데로 이리 치이면 저리로 가고 저리 치이면 이리 가는 대로 그렇게 살면 불행한 거잖아요 … (중략) … 그리고 남편이 아까 이야기한 것처럼 생각이 좀 많이 바뀌었는데 나의 도움이 필요한 것과 마찬가지로 남편도 저를 조금 도와주면 내가 훨씬 더 모든 생각에서 강해질 수 있다고 생각하는데 서로에게 너무나도 그동안 도움을 주지 못했던 것 같아요.

치료자 : 단비엄마는 단비아빠에게 어떻게 도움이 될 수 있을 것 같나요?

아　내 : 사람의 개성이나 그 사람이 가진 문제점에 따라서 굉장히 사랑의 형태가 왜곡되게 나타날 수 있다는 것이 이해가 가면서 이 사람이 나를 아무리 정신병자로 몰고 그래도 이 사람이 나에 대한 기본적인 애정이 있다는 믿음이 생겼어요. 거리를 많이 두고 생각해 본 시간이 많이 도움이 되었던 것 같아요.

치료자 : 어떻게 해서 그런 생각을 하시게 되었나요? 사랑은 형태가 다 다를 수 있다는?

아　내 : 제가 운이 좋았을 수도 있는데 우연히 본 영화에서요 ….

치료자 : 아, 그러셨어요?

아　내 : 영화 내용이 전적으로 그런 것이 아니라 그것을 보면서 제가 그냥 깨달았어요.

치료자 : 단비엄마가 '사랑의 형태는 다 다를 수 있다' 그런 생각을 하니까 아빠랑 사이에서도 달라지는 것은 뭐가 있을까요?

아　내 : 사람에 대한 수용이요. 이 사람이 어떤 행동을 하더라도 내가 포용하기에 따라서, 나가라고 삿대질을 한다고 하더라도 방실방실 웃으면 쫓아 낼 사람 없잖아요. 그런 생각을 했을 때 처음에 어떤 일이든 그것이 금방 된다면야 세상일이 얼마나 쉽겠어요. 분명히 쉽진 않겠지만 노력을 하겠다는 생각의 전환이죠.

치료자 : 아, 그래요. 축하해요. 구체적으로 한 예를 드셨지만, 또 다른 예, 어떨 때 어떻게 할 수 있을 것 같은지 이야기 좀 해 주시겠어요?

아　내 : 포용심을 많이 갖겠다는 거예요. '저게 또 시작이군' 이러더라도 이제는 제가 웃어야죠. 그러니까 내가 스스로 좋아하고 상대를 밝게 만들려고 하고 정 안 되면 제가 사과를 하는 거죠. '내가 노력을 하려고 마음을 먹는데도 또 이렇게 마음을 못 잡고 부정적인 면을 보여 가지고 당신을 불편하게 했으니까 미안하다' 라고 이렇게 이야기를 하면 … 제가 어제 부탁을 했거든요. 미안하다는 말을 진심으로 수용해 달라고 ….

치료자 : 또 무엇을 더 하실 수 있을까요?

아　내 : 그리고 정말 많이 반성한 것은 내 문제와 관계없이 이 사람과 결혼을 한 이상 이 사람의 아내이고 단비엄마인데 사소한 것 있잖아요. 옷을 예쁜 것을 입혀 준다든지 맛있는 것을 준다든지, 그런 아주 기초적인 것에 내가 너무 무심했다. 단비도 엄마가 얼마든지 잘 해 줄 수 있는데 그런 면에서 너무 무뚝뚝하고 돌봐 주지 않았다는 것이 있어요.

치료자 : 그럼 어떻게 하실 수 있겠어요?

아　내 : 그것은 요리에도 관심을 갖고, 그리고 더 무엇보다도 이 사람의 마음이 편할 수 있도록 집에 와서 맘 편하게 쉴 수 있도록 그런 분위기를 만들려면 내 자신이 먼저 밝아져야 할 거예요.

치료자 : 어떻게 하면 밝아질 수 있으세요?

아　내 : 아주 유치한 거는 내가 집에서 예쁘게 화장도 하고 1년이고 2년이고 머리도 안 하고 살지 말고 나도 가꾸고 … 아주 단편적인 거죠. 뭐든지 이 사람을 이해하고 편안하게 하려고 노력하고 이 사람뿐만 아니라 단비에게도 잘해야죠.

치료자 : 그런 생각은 지금 처음 하신 건가요?

아　내 : 예. 그렇죠. 제 딴에는 기적이라고 할 수 있을 만큼 생각이 바뀌었어요.

치료자 : 아, 그렇군요. 무엇이 생각을 바꾸는 데 도움이 되셨어요? 아까 영화도 그렇고 ….

아　내 : 그것은 실마리에 불과하구요. 아버지나 언니나 동생이나 주위에 있는 많은 사람들과 이야기를 한 것이 도움이 됐어요. 그리고 저는 이 사람보다 생각할 시간이 더 많았거든요. 절박한 사람이 생각을 더 많이 하게 된다고 이 사람은 시댁에 가서 시부모님과 함께 지냈겠지만 저는 집에서 나가면 현관까지 보름을 제가 거리를 떠돌면서 지냈거든요.

그러니까 절박하다는 생각을 많이 하게 되었죠. 굉장히 많이 생각하고 열심히 생각한 것 같아요.

치료자 : 그런 생각을 계속 유지하려면 뭐가 필요할까요?

아　내 : 그런 나 자신의 문제, 신체적으로나 정신적으로 빨리 문제를 해결할 수 있는 나만의 노력을 게을리하지 않으면서 이 사람과의 관계도 ….

치료자 : 그런 개인적인 노력은 어떻게 하실 건가요?

아　내 : 건전한 사고로 자꾸만 나 자신을 붙드는 방법이요. 그리고 그 전에는 엄마, 아빠를 염려시키는 게 너무 겁이 나서 도움 요청을 안 했는데 … 이번에 처음으로 일생 동안에 가장 많이 엄마, 아빠의 도움을 받은 거 같아요.

치료자 : 계속 이런 생각을 하시려면 기억해야 할 가장 중요한 사항이 뭘까요?

아　내 : 이 사람을 믿는 거요. 이 사람의 사랑 자체를 의심하지 않는 거요.

치료자 : 그 다음에는 뭐가 있을까요?

아　내 : 그 다음에는 사소한 일상생활의 실천이죠. 밥 하려고 하고 뭐 하나라도 좀 배워서 하려고 하고 그런 거요.

치료자 : 그러면 단비아빠도 옆에서 듣고 계시지만 단비아빠는 단비엄마가 무엇을 하는 게 가장 중요하다고 생각할 것 같나요?

아　내 : 일단 자기와 상관없이 내가 마음 편하고 즐겁게 지내는 것을 이 사람이 바랄 것 같고요. 그게 어느 정도 이루어지면 그 여파가 자기한테 미칠 것 같다고 생각할 거 같아요.

치료자 : 그러면 단비엄마가 즐겁기 위해서는 어떤 일이 일어나야

하나요?

아 내 : 가장 중요한 것은 지금 이야기했듯이 생각이 바뀌는 것이고, 생각이 바뀌었으니까 그 생각을 바탕으로 그 생각을 유지할 수 있도록 노력을 하는 것이죠.

치료자 : 지난번에 처음에 오셨을 때 부부관계가 1점이라고 하셨어요. 지금은 몇 점인가요? 사람이 생각이 달라지면 행동의 접촉이 없었어도 많이 달라질 수 있는 건데 ….

아 내 : 3~4점이요.

치료자 : 그러면 4~5점으로 올리려면, 즉 1점 올리려면 뭐가 달라지면 그렇게 될까요?

아 내 : 이 사람은 동의 안 하겠지만 일단 최소한의 가정을 이루자고 이야기했거든요. 집으로 들어오라고 … 일단 시작하는 첫 단계는 이렇게 생각이 바뀌었으니까 그 전같이 만일 극단적인 상황이 있어도 바로 사과하자고 제가 이야기를 했어요. 그런 상태를 방치하지 말고. 그런데 이 사람한테 언제든지 집으로 들어오라고, 나는 마음의 준비가 되어 있다고. 지금 단비를 생각해서도 최소한의 가정 형태를 유지하는 게 1단계인 거 같아요.

치료자 : 그러면 최소한의 가정을 유지하려면 아빠가 들어오는 것이고, 엄마는 무엇을 다르게 해야 할까요?

아 내 : 이 사람의 아내와 단비엄마로서의 역할을 잘 하는 것, 보통 때 못했던 것, 단비와 재미있게 놀아 주는 것, 남편이 맘 편히 밥 먹을 수 있게 해 주는 것 ….

치료자 : 그러니까 아내로서 엄마로서의 역할을 충실하게 하는 것 … 밥 따뜻하게 잘해 주고, 아이 잘 돌봐 주고 … 그럼 당

장 내일부터 할 수 있는 것은 무언가요?

아　내 : 아빠가 들어오면요?

치료자 : 자신이 좋은 가정을 이루기 위해서 내일부터 할 수 있는 것이 뭐가 있나요?

아　내 : 이렇게 떨어져 있는 상태에서는 나 혼자 할 수 있는 건 … 애가 없다 남편이 없다는 것에 슬퍼하지 않고 아직까지는 이 사람이 정리 안 하면 들어올 수 없는 문제니까 … 단비가 휴가에 그렇게 잘 놀고 집에 와서 오자마자 울더라고요. 아빠 찾으면서 … 그래서 내가 다 버리고 내 욕심 다 버리고 단비 당장 보냈거든요. 월요일에서 금요일까지만 내가 보고 그때는 단비아빠가 출근을 하니까, 그리고 이 사람이 있는 동안에는 단비가 원하는 대로 … 이렇게 하구선 완전히 걔를 저버리면 그건 정말 못된 엄마니까 일시적으로 애의 안정을 위해서 … 그러면 나는 남편도 없고 자식도 없고, 극히 불안한 상태인데 그런대도 꿋꿋이 내가 잘 지내는 거예요.

치료자 : 그러면 더 이상 여기에 안 와도 된다는 상황이면 그것을 어떻게 알 수 있을까요?

아　내 : 그동안에 많이 깨달았겠죠. 그것은 뭐, 뭐든지 하나 때문에 깨우쳤다는 게 아니라 여러 가지로 통합된 것으로 … 내가 그렇게 생각의 전환이 이루어졌다면 그 다음엔 노력하는 길밖에 없는 거 같아요.

치료자 : 여기에 더 이상 안 와도 되겠다. 어떤 상황이면 그렇게 될 수가 있을까요? 뭐가 달라지면 그렇게 될까요?

아　내 : 일단 제가 마음이 편해지면요.

치료자 : 마음이 편해지면요? 구체적으로 마음이 편해지면 어떻게 행동이 달라질까요?

아　내 : 제 외모가 달라져요. 표정이 달라지고 목소리가 달라지고, 어투가 달라져요. 그리고 행동이 달라져요.

치료자 : 이제는 많이 자신이 있으시네요. 그렇죠? 이제는 내가 잘 해낼 수 있겠다는 자신감이 생겼죠? 아빠는 지난번에 몇 점이라고 하셨죠?

남　편 : 2점이요.

치료자 : 지금은 몇 점 정도 된다고 생각하세요?

남　편 : 지금은 … 서로 표현을 안 하니까 ….

치료자 : 그런데 일단 관점이 달라진 것도 관계는 어느 정도 달라진 거예요.

남　편 : 2~3점이요.

치료자 : 그러면 1점을 올리려면 뭐가 달라져야 할까요?

남　편 : 집사람이 이야기하는 것들이 '정말로 저렇게 생각하는 구나' 라는 생각이 들면요.

치료자 : 믿음이 생기면요 … 믿음이 생기면, 무엇을 보면 단비아빠가 믿음이 생겼다는 것을 알 수 있을까요?

남　편 : 지금 당장은요, 이제 집사람이 이야기하는 것이 그게 진심이고 제가 원하는 것이고, 같이 힘을 내서 제가 바라는 최대한의 것을 말하는 것에요. 그게 제가 두려운 것은 그게 얼마 안 가서 생각이 바뀔 거 같아요. 그게 제가 두려워요.

치료자 : 사람이니까 아까 처음에 그랬잖아요. 이것도 진실이고, 저것도 진실이다. 분명히 노력하려고 마음 먹고, 결심도 했고, 자신감도 조금은 생겼는데 … 노력하다가 쓰러질 때도

있죠. 걸려서 넘어지면, 그것을 인정하는 게 포용심인거 같아요. 그것은 아빠도 생각을 하셨고, 엄마도 생각을 하셨을 거예요. 두 분 다 노력하려는 마음이 생긴 거고 생각도 바뀌었는데 하다가 쓰러질 때가 분명히 사람이니까 있을 거예요. 그것을 받아주느냐 안 받아주느냐가 포용심인 거 같아요.

그러면 믿음이 생기면 1점이 오르는 건데 믿음이 생기면 단비아빠는 어떻게 행동을 다르게 할 수 있을 거 같으신가요?

남 편 : 그것은 집사람이 진심으로 생각하는 것이 이것이고 이것을 위해서 노력을 하고 짜증을 내더라도 진심은 이게 아니다라고 생각이 드니까 … 지금처럼 표정의 변화나 그런 것에 대해서 봤을 때 절망에 빠져서 나를 완전히 배척을 시키지 않으면 ….

치료자 : 그러니까 외골수로 말하자면 한쪽으로만 막 생각하는 그것만 없으면 좋을 것이다. 그러면은 그렇게 할 때는 아버님이 보시구서는 단비아빠가 달라졌다고 하신다면 뭐가 달라졌다고 하실 것 같나요?

남 편 : 아버님과 처남이 단비엄마에게 이야기를 했을 때 너의 말을 들어서는 뭐가 잘못됐는지 잘 모르겠다. 감정의 기복 정도는 충분히 알겠는데 너에게도 문제가 있는 거 같으니까 … 아시겠지만 이 사람의 반응에 대해서 제가 생각하기에 바뀌었다는 것을 표현해야 하는 것이 제가 발견하는 한 알게 되지 않을까 … 행동도 고쳐야 하는 부분에 대해서는 다른 생각을 한 뒤에 행동의 변화를 어떻게 해야 할지를

알아야 할 것 같아요.

치료자 : 그러면 아주 쉬운 거부터 무엇을 해야 할 것 같나요?

남 편 : 저와 관계된 일이나 회사 일이나 그런 일들을 이야기를 해서 제 주변에서 어떤 일이 일어나는지를 다른 사람들보다 먼저 알 수 있도록 이야기를 할 수 있을 것 같아요.

치료자 : 또 뭐가 있을 거 같아요?

남 편 : 다른 것은 제가 하고 있는 거 같은데 표현을 하거나 시간을 같이 보낸다거나 그런 것들을 배려해 주는 거 같은데 그것은 내가 어디를 가자 뭐 이렇게 하지는 않았지만 그게 저의 한계인 거 같은데 '무엇을 하자' 고 제의를 하지 못하고 '무엇을 하고 싶냐' 라고 했고 놀러 다니는 것을 잘 몰라서 나름대로는 주말에 이벤트를 마련하지도 못하고 뭘 해야 하는데 그걸 못한 것이 맘에 걸려요. 이런 것인데 그것이 과연 이 사람한테 생각해 주는 것처럼 보이겠는가 ….

치료자 : 이벤트라도 하려고 애썼는데 별로 하지 못한 그런 마음을 아셨어요? 또 뭐가 있을까요? 당장 오늘부터라도 할 수 있는 것은 뭐가 있을까요?

남 편 : 당장 할 수 있는 것은 그런 것들에 대한 믿음을 갖기 위해서 제가 먼저 대화를 하고 싶어요. 그런데 장인어른이나 아버지나 부부간에 뭐라고 이야기를 따져서는 확인되지 않는 부분인 거 같다. 그 자체로서 인정하고 넘어 가야지. 예를 들어서, 생각이 갑자기 바뀔 수도 없고 나는 이해가 안 된다. 그런 부분이 문제이긴 하지만 서로 이야기를 해서 확인을 받지 않는 것 같아요.

치료자 : 그런 이야기를 하셨잖아요. 믿음에 대한 이야기를 엄마한

테 하셨는데, 또 어르신들이 말씀하신 것처럼 직장에서 무슨 프로젝트를 계획을 짜서 따지면서 하는 것과 달리, 어르신들이 말씀하시는 것처럼, 정말 '부부는 한곳을 바라보며 서로 손 붙잡고 가는 여행길이다' 이렇게도 표현을 하잖아요. 특히, 여행을 하는 동안 여러 가지 다른 것을 바라볼 수 있고 잠깐 다른 생각을 할 수도 있지만, 그것을 따지면서 어떤 논리적인 논문을 쓴다든가 프로젝트를 하는 그런 것들과는 느낌이 다르죠. 대화를 하시더라도 아버님들이 말씀하신 것을 염두에 두시면서 평상시에 할 수 있는 대화 있잖아요. 좋은 관계에서 나눌 수 있는 대화 그런 것으로 풀었으면 좋을 거 같아요. 거창하게 내가 너와의 관계에서 왜 그렇게 했느냐 하는 이유와 그 원인을 밝히는 그런 대화가 아니라 … 제가 잠깐 나갔다 와야 하는데 꼭 하시고 싶은 말씀 있으세요?

메시지

단비엄마와 2주 전에 만났나요? 단비아빠와는 아마 3주 전에 만났고요. 그동안에 두 분 다 굉장히 많이 달라져서 인상적이었어요. 서로에 대해 매우 너그러워지셨어요. 상대에 대해서 많이 이해를 하시게 됐고 더불어 자기 자신에 대한 이해도 많이 하신 것 같아요. 단비엄마는 결심을 많이 하셨고, 구체적으로 내가 행동으로 어떻게 옮기겠다는 생각을 많이 하셨으며, 그에 관한 이야기를 많이 해 주셨어요. 서로 상대방에게 또 내가 이렇게 결심을 하게 된 것을 도와주었으면 좋겠다 이런 것을 느끼셨거든요. 포용심이 많이 생겼다고 하셨는데 그 포용심을 상대방에게 어떻게 표현할 수 있을 것인지 단비엄마는 많이 말씀해 주셨어요. 그런데 포용심을 갖고 있기만 하면 소용이 없죠. 표현을 해야 하죠. 어떻게 해야 표현을 할 수 있을지 상대방이 결심을 했는데 상대방의 포용심을 표현할 수 있도록 나는 어떻게 도울 수 있겠는지 다음에 오실 때까지 생각해 보면 좋겠어요. 생각하신 것을 구체적으로 더 생각하는 작업을 했으면 좋겠어요.

제6회

◈ 참석자 : 부부

3주 만의 면접. 남편은 마음은 편해졌으나 자신감은 아직 없는 상태라며 그동안 또 한 번 티격태격하여 자신의 감정이 폭발했고 이에 대해 남편은 좌절을 느꼈으나 하루 만에 화해했다고 했다. 아내는 남편이 집에 많이 와 있어서 좋고, 아직 별거 중이지만 안정적인 상태로 생각하고 있었다. 단지 3년간 성생활이 없었던 것에 대한 불안감을 다시 느끼고 있다. 성생활과 관련해 치료자가 두 사람의 성격특성에 대하여 질문하였다. 부인은 대학 때부터 사람을 긍정적으로 보며, 사람을 재어 보고 대하지 않은 편이다. 한편, 남편은 스스로를 '냉정하다' 고 표현했고, 사람을 좋아하거나 싫어하거나 하지 않는 편이고 옳고 그름에 대해 판단을 하고 이에 따라 분명한 선을 긋고 행동을 하는 편이다. 즉, 자신이 생각하기에 틀린 사람이 있으면 '당신은 틀렸다' 고 생각하고 상대방을 대한다. 이러한 남편의 태도에 대하여 합리적이고 감정표현을 잘 하지 않는 편이라고 재명명해 줌으로써 '감정이 뒷받침되어야 부부생활을 할 수 있다' 는 남편의 입장을 부인이 이해할 수 있도록 도와주고자 했다. 따라서 성생활이 없음으로 인한 부인의 불안감을 줄이고자 했다.

아내는 포용심을 보이는 행동을 실천한 것으로 남편에게 '조심조심 얘기, 좋게 얘기' 하는 것을 들었고 요즘 덜 우울하다고 하였다. 남편은 포용심을 보이는 행동을 하지 못했다고 면담 초기에 말했으나 아내와 전화 통화 시의 말투가 부드러워졌고, 말하는 내용이 따뜻해지고 접촉빈도도 늘리려고 노력했음을 면담이 진행되는 동안 기억해 내어 지난 면담 시에 비해 포용심을 나타내는 행동을 실천한다는 면에 있어서 많은 발전이 있었음을 알 수 있었다.

메시지로는 칭찬으로 아내에게는 '조심조심 얘기' 하는 것을, 남편에게는 아내에게 하는 '말투, 말하는 내용, 아내와의 접촉빈도를 늘리려는 노력' 을 포용심의 표현으로 칭찬하였다. 연결문으로는 부부간의 성관계는 부부간의 의사소통 방법 중의 하나이므로 부부간의 의사소통의 수단이고 부부간의 친밀감을 도와주는 방법이라는 것을 명백히 하고 과제로는 배우자에게 포용심을 보이는 다른 방법은 무엇이 더 있을지 생각해 보고 이미 행동으로 옮긴 위의 행동들을 계속해서 수행하는 과제를 내 주었다.

7회 상담을 약속했으나 부부는 상담을 취소했는데, 이제는 치료자의 도움 없이 자신들만의 힘으로 문제를 해결할 수 있겠기에 상담 약속을 취소한다고 전화로 알려왔다. 부부는 상담 시작 당시 별거 중이었으나 6회 면담 직후 남편이 집으로 돌아왔다. 상담 종료 5개월 후 부인과의 전화 통화로 부부가 잘 지내고 있음을 확인할 수 있었다.

귀신이 안 보이면 좋겠어요

1. 사례 개요

본 사례는 남편에게 폭력을 행사하며 환청과 환시를 호소하는 중년여성과 어린 아들 때문에 참으며 지내고 있는 남편을 대상으로 가족치료를 실시한 것이다. 치료 초기 아내는 자신의 폭력적인 행동을 환청과 환시 때문으로 합리화시켰으나, 치료과정에서 환청과 환시에 효과적으로 대처하는 방법을 습득함으로써 폭력행동이 사라지고 부부갈등이 해소되었다(본 사례의 부부는 혼인신고를 하지 않아 법적으로는 동거남과 동거녀이나, 7년 이상 사실혼 관계를 유지하고 있으므로 여기서는 남편과 아내로 기술하였다. 그리고 사례가족의 사생활보호를 위해 가족의 상황과 이름을 변경하였으며, 상담의 내용을 부분적으로 재구성하였다.).

1) 의뢰과정

본 사례의 가족은 저소득층으로 지역사회복지관의 서비스를 제공받고 있었으며, 담당 사회복지사가 내담자의 행동문제와 가정폭력에 대한 개입이 요청된다고 판단하여 본 치료자에게 의뢰하였다.

2) 가족사항

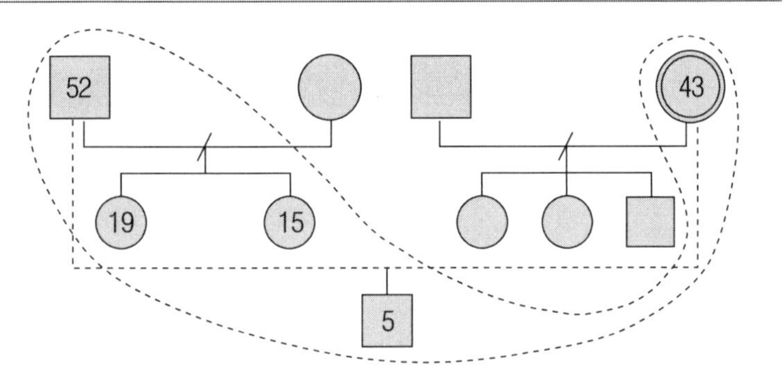

내담자(이정순, 43세) : 전 남편의 폭력으로 자녀 세 명과 가출하였다가 자녀들은 남편에게 데려다 주고 혼자 생활하던 중 현재의 남편과 만나 아들을 출산함. 출산 후부터 우울증을 앓아왔으며 환청과 환시를 호소함(정신과 약을 복용 중). 화가 나면 폭력행동을 통제 못함.(남편과 아들을 때리거나 가구를 부숨)

남편(박성수, 52세) : 전처는 딸 둘을 놓고 10년 전 가출함. 딸 둘과 함께 살다가 7년 전 내담자와 동거를 시작함. 경마와 경륜으로 빚을 지게 되어 경제적으로 곤란함. 아내와는 나이가 9살 차이남.

의붓딸(19세) : 며칠씩 밖에서 지내다 집에 들어옴.

의붓딸(15세) : 조용하고 착함.
아들(병서, 5세) : 내담자와 동거남 사이에서 출생함. 어린이집에서도 특별한 행동문제 없음.

3) 제시된 문제

- 내담자의 환청과 환시
- 남편과 아들에 대한 폭언과 폭력
- 부부가 계속 살아야 할지 결정하는 문제

2. 치료과정

제1회 목표설정을 위한 탐색

◈ 참석자 : 내담자(이정순)

본 사례의 내담자는 복지관의 권유로 할 수 없이 상담에 참여한 비자발적 내담자다. 내담자는 자신이 가족에게 행하는 폭력에 대해 비난을 받을까 봐 걱정이 되어서인지 매우 굳은 얼굴로 상담실에 들어 왔으며 치료자를 경계하는 모습이었다. 내담자는 자리에 앉자마자 마치 심문 받으러 온 사람같이 자신의 이름과 나이를 말하고, 계속해서 가족들의 이름을 말했다.

치료자는 본인 소개를 한 후 상담의 진행과정에 대해 간단히 설명하였으며 상담내용이 복지관에 보고되는 것이 아님을 알렸다. 치료자는 1회 상담에서 내담자가 그동안 겪어 온 어려움과 남편에 대한 불평에 대해 적극적으로 공감을 표시하면서 라포와 신뢰관계를 형성하는 데 중점을 두었다.

내담자는 결혼 후 남편의 술과 폭력 때문에 자녀 세 명을 데리고 서울로 도망 나왔다. 하지만 혼자서 아이들을 키우기가 힘들어 1년 정도 지나 전 남편한테 데려다 주었는데 이 일만 생각하면 가슴이 아프다고 했다. 이후 현재의 남편을 만나 임신을 하면서 7년 전부터 함께 살고 있다. 현 남편은 당시 부인이 가출한 상태로 두 딸과 살고 있었다고 하였다. 내담자가 일하던 식당의 손님이었던 남편은 처음에는 돈을 잘 버는 것 같았다. 그러나 함께 살면서 경마와 경륜으로 카드빚을 지게 되면서 부부싸움이 잦았으며 남편과 헤어지고 싶다고 했다. 내담자는 경제적인 어려움에 대해서도 많이 호소하였다.

치료자는 내담자의 어려움에 대해 공감을 표시하면서, 치료의 목표를 설정하기 위해 해결중심적 질문을 하였다.

치료자 : 정말 그동안 어려움이 많으셨네요. 힘든 가운데 이렇게 오셨는데 뭐가 좀 달라지면 '상담받길 잘했다' '그래도 보람이 있다'는 생각이 드시겠어요?〈상담의 목표를 설정하기 위한 보람질문〉

내담자 : 글쎄, 우선 귀신이 안 보였으면 좋겠지요. 그러면 덜 힘들 것 같고 ….

치료자 : 예. 그러시군요. 만약에 지금 어머니가 원하시는 것같이 귀신이 안 보이면, 그러면 뭐가 좀 달라질까요?〈상담의 목표를 구체화하기 위한 질문〉

내담자 : 아무래도 덜 힘들겠지요. 비오면 나가서 중얼거리며 돌아다니지도 않을 거고, 몸도 덜 아프고, 머리도 맑아지고 ….

치료자 : 만약 그렇게 귀신도 안 보이고, 몸도 건강해지고 머리도 맑아진다면 어머니는 지금과는 어떻게 다르게 하실까요? 〈내담자에게 초점을 돌리는 질문〉

내담자 : (침묵) 그냥 덜 힘들죠 … 잘 모르겠어요. 머리가 멍해서….

치료자가 상담의 목표를 구체화하고 행동이야기로 전환하기 위한 질문을 하였으나, 내담자가 이를 구체화하는 것을 힘들어하여 예외에 대한 탐색을 하였다.

치료자 : 예 … 지금 대답하시기가 좀 힘드신가 보네요. 나중에 천천히 말씀하셔도 돼요. 그럼 제가 다른 질문을 드릴게요. 귀신이 보이신다고 했는데, 어떨 때 귀신 보이는 게 좀 줄어드나요? 그러니까 귀신이 보이고 소리가 들리는 게 덜한 때는 언제인가요?〈예외 질문〉

내담자 : 모르겠어요. 그게 뭐 귀신이 오고 싶으면 오는 거니까 ….

치료자 : 아, 그렇군요. 그럼, 귀신이 보일 때는 어떻게 하세요? 어머니께서 어떻게 하시면 귀신이 사라지나요?〈문제를 해결하기 위해 내담자가 사용한 방법에 대한 탐색〉

내담자 : 주기도문 열심히 외우고 찬송가 크게 불러요. 한참 동안 그렇게 '믿습니다' 하고 기도하고 찬송하면 없어져요.

치료자 : 그런 방법이 있으시군요! 귀신이 보일 때 어떻게 하면 없어지는지 잘 알고 계시네요.

메시지

오늘 이렇게 만나 뵙고 나니 그동안 정말 큰 어려움을 많이 겪으시면서 살아오신 걸 알겠어요. 처음 만나는 사람에게 힘들게 살아온 과정을 말씀하시는 게 쉽지 않으셨을 텐데 이렇게 솔직하게 이야기를 해 주시니 고마운 마음이 듭니다. 경제적으로 힘드시고 여러 가지로 어려움이 많으시지만 그래도 정말 잘 견디면서 지내시는 것 같아요. 특히, 몸이 많이 편찮으신데도 어린 아들을 돌보시고 두 딸을 거두시는 걸 보니 사랑이 많으신 분으로 느껴져요.

아마 저를 포함해서 직접 경험해 보지 않은 사람들은 어머니의 고통을 이해하기 쉽지 않을 것 같은데, 자주 귀신이 보이고 소리도 들리고 하니 생활하시기가 얼마나 힘이 드시겠어요? 그래도 어머니께서 잘 견뎌내고 계시고 귀신이 보일 때 어떻게 하면 되는지 방법을 잘 아시는 같아 다행스러워요. 상담시간에 말씀하신 대로 앞으로도 귀신이 보이면 주기도문을 외우시고 찬송가를 부르시면 좋을 것 같네요.

제가 다음 상담 때까지 과제를 하나 드리겠는데요. 생활하시면서 어떨 때 귀신이 좀 덜 보이는지 잘 관찰하시고 다음에 오셔서 제게 말씀해 주세요.

상담이 끝나고 치료자가 내담자에게 다음 회기에 남편과 같이 오면 어떻겠냐고 제안하였으나 남편이 자신에 대해 좋지 않게 이야기할 것 같다며 싫다고 하였다. 치료자는 내담자의 의견을 수용하고, 마음이 변하면 이야기해 달라고 하였다.

제2회

◈ 참석자 : 내담자(이정순)

열흘 후 내담자는 아들 병서와 함께 상담실에 왔다. 1회기에 경직되었던 모습과는 달리 미소를 지으며 상담실에 들어왔다. 아들 병서는 생글생글 웃는 인상이었다. 내담자가 인사를 하라고 하자 치료자에게 웃으며 인사를 했다. 병서가 잘 생겼다고 치료자가 칭찬을 하자 내담자는 고개를 끄덕이면서 자랑스러운 표정을 지었다. 내담자가 아들에게 놀이터에서 놀라고 하며 내보내고 상담을 시작하였다.

치료자 : 안녕하세요? 만나 뵌 지 한 열흘 정도 된 것 같은데 반갑습니다. 그동안 지내시면서 뭐가 조금 달라지신 게 있으신가요?〈변화에 대한 질문〉

내담자 : (침묵) … 방언하는 신부님을 만났는데, 친정엄마가 저한테 들어왔대요(치료자에게 목에 걸고 있는 십자가 목걸이를 보여 주며). 신부님이 이 목걸이를 줬어요. 귀신 막으라고.

치료자 : 예. 신부님이 도움을 많이 주시나 봐요. 그 목걸이를 하고 있으니까 어떻게 도움이 되시나요?

내담자 : (침묵) … 요새 정신이 없고 눈이 침침해요.

치료자 : 아, 그러세요. 정신이 없으시군요.

내담자 : 정신이 없으니까 베란다 어질러 놓고 잊어버리고 안 치우고, 비 오는 날 실수할까 봐 겁나요. 비 오는 날 밖에 뛰쳐나가서 중얼중얼거리고 소리지르고 다녔는데, 또 그렇게 될까 봐 겁나요.

(눈을 가늘게 뜨고 몸을 약간 떨며) 선생님, 저 지금 이상하죠? … 귀신이 옆에 와 있어요.

순간 이런 상황을 경험해 본 적이 없는 치료자로서는 약간 당황스러웠다. 또 거짓말을 한다는 사회복지사의 사전 정보 때문인지 약간은 의심이 가기도 했다. 하지만 일단 치료자는 내담자의 말을 그대로 믿고 내담자의 지각틀 내에서 상담을 하는 것이 낫겠다고 생각하여 귀신에 대해 질문하였다.

치료자 : (약간 당황하여) 귀신이요 … 지금 귀신이 뭐라고 하죠?

내담자 : … (대답 없이 한참동안 몸을 약간씩 떨며 가만히 있음) 지난번에도 귀신이 '박성수(현 남편) 죽여라' 그렇게 해서 내가 칼을 들고 날뛰었어요.

치료자 : 아, 그러셨군요. 그런데 지금 왔던 그 귀신이 남편을 죽이라고 했던 그 귀신인가요?

내담자 : 네.

치료자 : 그 귀신이 어떻게 생겼나요?

내담자 : 죽은 엄마하고 언니예요.

치료자 : 어머니하고 언니같이 생겼다구요?

내담자 : 예. 죽은 언니는 내가 어렸을 때 죽어서 본 적이 없지만 귀신이 그렇게 말했어요. (창밖을 가리키며) 저쪽 5동 베란다에 지금 하얀 소복을 입은 귀신이 앉아 있어요.

치료자 : 저는 안 보이는데 … 그렇지만 어머니는 보이실 수도 있지요. 근데 그 귀신이 진짜 돌아가신 어머니와 언니가 맞는지 모르겠네요.

내담자 : ….

치료자 : 어머니와 언니라면 병서아버지를 칼로 찌르라고 했을까요?

내담자 : 귀신이니까 ….

치료자 : 저는 '혹시 나쁜 귀신이 어머니와 언니라고 속이는 것 아

닌가' 그런 생각이 드는데요. … 어떻게 생각하세요?

내담자 : 음 ….(고개를 살짝 끄덕끄덕함)

치료자 : 나쁜 귀신이 가족을 해치라고 하고 어머니를 힘들게 할 때는, 어떻게 하면 그 말을 따르지 않을 수 있나요?

내담자 : '하나님 믿습니다' 하고 주기도문 계속 외우고 그러면 돼요.

치료자 : 아, 그래요? 그런 방법을 알고 계시네요. 그러면 앞으로도 어머니나 언니라고 속이는 나쁜 귀신이 오면 그렇게 하시면 되겠네요. 계속 기도하고 ….

내담자 : 둘째 오빠가 스님 비슷한데, 내가 병서아빠랑 만날 때 그 남자랑 살면 5년 후 네 눈에 피눈물 뺄 일 생긴다고 그랬는데 그 말이 딱 맞아요. 난 속아서 같이 살게 된 거예요. 그때는 밥 먹고 10만 원짜리 수표도 내고 해서(내담자는 당시 식당에서 일을 하고 있었고, 남편은 식당 손님이었다.) 돈 잘 버는 줄 알았는데 돈도 없고, 매일 아파서 일도 못 나가고, 경마, 경륜으로 돈도 다 잃고 카드빚도 지고 ….

치료자 : 예. 정말 속상하셨을 것 같아요 … 그런데 뭐가 좀 달라지면 속은 것 같지 않고 병서아버지랑 살기를 잘했다고 생각되시겠어요?

내담자 : 돈 좀 많이 벌었으면 좋겠어요. 소같이 일만 했으면 좋겠는데, 비 온다고 못 가고 일 없다고 하고, 빚은 많고 … (동거남에 대해 계속 불평함) 다시 전 남편과 살고 싶어요.

치료자 : 예. 그러시군요. 만약 전 남편과 다시 살게 되면 뭐가 좀 달라질 것 같으세요?

내담자 : 때리기는 해도 돈은 그래도 버니까. 애들도 볼 수 있고. 그때는 개도 키우고 잘 살았어요.

치료자 : 그렇죠. 애들을 볼 수 있죠. 애들이 보고 싶으시군요.

내담자 : 선생님, 헤어질 수 있는 방법 좀 가르쳐 주세요.

치료자 : 글쎄요 … 지금 어머니께서 마음이 완전히 결정되신 건가요?

내담자 : ….(말이 없음)

치료자 : 어머니께서 헤어져야겠다고 마음이 완전히 결정되시면 그때 한번 방법을 함께 생각해 보도록 하지요. 그런데요, 만약 어머니께서 병서에게 강원도 옛집으로 돌아가겠다 또는 여기서 떠나서 함께 가자 그런 말씀을 하시면 병서는 여기에 대해 뭐라고 할까요?〈관계성 질문〉

내담자 : … 그러니까 병서 때문에 … 그리고 근영이(의붓딸, 둘째)도 걱정이 돼요. 내가 없으면 어떻게 하나 … 친엄마도 나갔는데 ….

치료자 : 애들이 많이 걱정이 되시는군요. 그리고 만약 병서아버지한테도 '떠나겠다' 그런 말씀을 하시면 병서아버지는 뭐라고 하실까요?

내담자 : ….(약간 당황하는 듯 보임)

메시지

오랫동안 귀신이 보이고 귀신소리도 들리고 하니 정말 많이 힘드셨을 것 같아요. 그래도 포기하지 않고 병원도 다니시고 성당에도 나가시면서 어려움을 극복하려고 노력하시는 것을 보니 의지가 강하신 분이라는 느낌이 듭니다. 그리고 어머니께서는 이미 어떻게 하면 나쁜 귀신의 말을 안 들을 수 있는지 잘 알고 계시는 것 같아 다행이에요. 제 생각에도 나쁜 귀신이 보이거나 소리가 들릴 때 기도하고 찬송하는 것은 효과적인 방법이라고 생각되는데요, 앞으로도 계속해서 그 방법을 사용하면 좋을 것 같아요.

또 오늘 상담하면서 느낀 거는 어머니께서 생각이 깊으시고 신중하시다는 점이에요. 지금 경제적으로도 힘들고 빚 독촉 때문에 어려운데 마음 같아서는 당장 병서아버지랑 헤어지고 싶으시겠지요. 그런데 그렇게 하지 않으시고 이것저것 여러 가지를 고려하면서 신중하게 생각을 하고 계시거든요. 그리고 무엇보다도 병서 걱정을 많이 하시는 것 같구요. 그리고 이렇게 어머니 본인 형편이 힘든데도 어머니께서 근영이 걱정을 하는 것을 보고 제가 굉장히 놀랐어요. 그동안 키운 정이 참 크다는 생각이 새삼 들었어요.

그동안 많이 생각해 오셨지만 한 주 동안 더 앞으로 어떻게 하는 것이 좋을지 깊이 생각해 보셨으면 좋겠어요. 그리고 만약 병서아버지랑 헤어진다면 어떻게 살고 싶은지도 생각해 보셨으면 해요.

상담이 끝난 후 다음 상담 약속을 잡으려 하자, 내담자는 다음 주에 친정에 가서 머물게 될 거라면서 자신이 없는 동안 남편과 만나봤으면 좋겠다고 하여 그렇게 하기로 하였다.

제3회

◈ 참석자 : 내담자의 남편(박성수)

내담자가 친정에 다니러 가 있었던 3회기에 남편과 상담을 하였다. 남편과는 첫 상담이었기 때문에 라포와 신뢰관계를 형성하는데 중점을 두었고, 상담의 목표를 설정하기 위해 노력하였다.

내담자의 남편은 약간 쑥스러운 듯 상담실에 들어왔으며 기운이 없어 보였으나 점잖은 인상이었다. 아내의 언어 및 신체적 폭력 때문에 집을 나가고 싶은 심정이며, 자신의 친딸들도 모두 집에 있는 것을 싫어한다고 하였다. 특히, 둘째 딸은 착한 성격이라 모든 것을 참고 삭이고 있는데 걱정이 된다고 하였다. 그나마 아내가 딸들을 때리지 않는 것이 다행이라고 하였다. 남편에 따르면 내담자의 폭력적인 행동은 아들 출산 후 시작되었다. 같이 살기 시작한 초기에는 별 문제가 없었으나 아들을 낳은 후 내담자는 산후우울증을 앓았고 행동이 변하기 시작하였다. 그때부터 계속해서 정신과 치료를 받으며 우울증 약을 먹고 있으나 잔소리와 폭언, 물건을 던지고 부수는 등의 폭력적 행동이 심해지고 있다.

치료자 : 병서어머니께서 화를 내시거나 물건을 던지고 하는 일이 좀 덜 할 때는 언제인가요?〈예외 질문〉

남　편 : 돈을 벌어오면 괜찮지요. 근데 뭐 제가 하는 일이라는 게 하고 싶다고 언제나 맘대로 할 수 있는 게 아니니까요. 요즘같이 비가 오면 못하고, 또 요새는 워낙 경기가 나빠서 새벽에 나가도 일이 없어서 돌아오는 적이 허다해요.

치료자 : 아, 그러시군요. 선생님께서 일을 하러 가시면 어머니가 괜찮으신데 그게 쉽지가 않네요. 혹시 일하러 가시는 날 외에도 어머니가 좀 화를 덜 내시는 때는 언제인가요?〈예외를 탐색하기 위한 재질문〉

남　편 : 그런 거 없어요. 그 사람은 워낙 돈에 민감해요. 비 와서 일이 없거나 아파서 일을 못 가면 난리가 나요. 투덜거리고 욕하며 소리 지르다가 그것도 성이 안 차면 내게 물건 던지고 ….

치료자 : 병서어머니가 그렇게 화를 내실 때, 선생님께서는 주로 어떻게 하시나요?〈내담자의 대처방법에 대한 질문〉

남 편 : 그냥 누워 있거나 밖으로 나가지요.

치료자 : 네. 그렇게 누워 있거나 밖으로 나가시는 게 어떻게 도움이 되시는 것 같으세요?

남 편 : 도움이 되긴요. 어쩔 수 없으니까 그렇게 하는 거지요.

치료자 : 혹시 그렇게 그냥 누워 계시거나 밖으로 나가시면 병서어머니께서 화를 내시다가 좀 풀리시나 해서요.

남 편 : 그렇지 않아요. 다른 방도가 없으니까 그러는 거지요.

치료자 : 혹시 다른 방법을 시도해 보신 것이 있으신가요?〈내담자가 문제를 해결해 온 방법에 대한 지속적인 탐색〉

남 편 : 예. 제가 워낙 여자는 때리지 않는데 한 번 정도 맞서서 때린 적이 있어요. 그때 맞서서 때리니까 바로는 잠잠했는데, 조금 후에 싱크대를 부시고 칼을 들고 난동을 부렸어요. 어떻게 해도 소용이 없어요. 죽고 싶어요. 애들만 없으면 정말 딱 죽었으면 좋겠어요.

치료자 : 지금 말씀을 듣고 보니 그동안 정말 어려움이 많으셨던 것 같네요. … 그래도 저는 참 대단하시다는 생각이 드는데, 그렇게 힘드신 데도 지금까지 어떻게 견디어 오셨어요?〈예외상황을 탐색했으나 예외를 찾을 수 없고 문제 중심으로 이야기가 지속되어 대처 질문을 함〉

남 편 : 헤어지고 싶은 마음이야 굴뚝 같지요. 아들 병서만 없으면 당장이라도 헤어지고 싶어요. 애 때문에 이러지도 못하고 저러지도 못하고 … 참 힘듭니다.

치료자 : 예. 힘드시지요. 그래도 아드님을 위해 참고 견디시는 모

습을 보니 아드님에 대한 사랑이 정말 크신 것 같아요.

남　편 : 그렇죠. 늦게 난 자식이니까 더 귀엽죠. 지 엄마는 그래도 병서는 착하고 예뻐요. 남자앤데 애교도 많은 편이구요 … 근데, 휴 ….(한숨)

치료자 : 지난번에 저도 잠깐 병서를 봤어요. 어머니하고 함께 왔다가 상담하는 동안 밖에 나가서 놀았어요. 아주 착하고 귀엽더라구요. 오늘 선생님을 뵙고 나서 보니, 병서가 아버지를 많이 닮은 것 같아요.

남　편 : 애 때문에 살고 있긴 한데, 계속 사는 게 애한테도 좋은 건지 나쁜 건지도 사실 모르겠어요. 매일 소리 지르고 하니까.

치료자 : 제가 지금 좀 이상한 질문을 하나 드릴게요. 상담 후에 돌아가셔서 오늘 쉬시기도 하고, 또 일도 보시고 그러시겠죠? 그러고 나서 밤에 잠을 주무실 텐데요. 밤에 주무시는 동안 기적이 일어난 거예요. 어떤 기적이냐 하면 병서아버지께서 오늘 오셔서 말씀하셨던 그런 문제가 갑자기 해결된 겁니다. 바로 그게 기적이지요. 하지만 병서아버지는 잠을 주무시고 계셨기 때문에 그런 기적이 일어난 걸 모르시는 거예요. 그런데 아침에 일어나 보니까 아 뭔가 이상하다, 기적이 일어나서 모든 문제가 해결되었나 보다, 그런 생각이 드는 거예요. 맨 처음 일어나셔서 무얼 보면 기적이 일어났다는 것을 알 수 있을까요?〈기적 질문〉

남　편 : 기적이요? 글쎄, 모든 게 다르겠죠.

치료자 : 어떤 게 다를까요?〈기적이 일어난 상황을 구체화〉

남　편 : 병서엄마가 인상 쓰지도 않고, 화내지도 않고, 아침밥도 하고 ….

치료자 : 예. 그렇죠. 그리고 또 무엇이 다를까요?

남 편 : 애들도 좀 마음 편하고, 저도 마음이 편하겠죠.

치료자 : 마음이 편하시면 무얼 좀 다르게 하실까요?〈행동이야기로 전환하기 위한 질문〉

남 편 : 웃으며 오순도순 이야기도 하고, 남들 사는 것같이 살겠죠.

치료자 : 혹시 병서아버지께서 웃으며 오순도순 이야기도 하고 그러면 병서어머니는 무얼 좀 다르게 하실까요?〈관계성 질문〉

남 편 : 글쎄, 웃는 얼굴에 침 못 뱉는다고 … 투덜거리지는 않겠지요. 그래도 그 사람은 돈이 다니까 크게 다를 것 같지 않아요. 잘 모르겠어요.

치료자 : 혹시 최근에 그런 일이 일어난 적이 있으셨나요? 병서아버지께서도 웃고 이야기하시고, 병서어머니도 투덜거리지 않으시고 ….〈예외상황에 대한 질문〉

남 편 : 없어요. 언제 그래 본 적이 있는지 기억도 안 나네요.

치료자 : 혹시 그런 일이 일어나기 위해서는 무엇이 필요할까요?

남 편 : 제가 일거리를 찾아서 일을 해야지요.

메시지

오늘 몸이 안 좋으신 데도 이렇게 상담에 오신 걸 감사드립니다. 그동안 병서어머니와 두 차례 상담하면서 병서아버지께서도 같이 오시면 좋겠다고 생각했었거든요. 오늘 이렇게 처음 뵙고 보니 병서아버지께서는 어떻게 하든 가정을 지키려는 마음이 크시다는 생각이 들었어요. 그리고 화가 나셔도 아내를 때리지 않으려고 노력하시는 것도 인상이 깊었어요.

그동안 매우 어려운 상황이셨을 줄 압니다. 그렇지만 선생님께서 말씀하셨듯이 병서어머니가 원래 그러셨던 분이 아니라 산후에 우울증을 앓으시면서 변하시게 된 것 같아요. 그래도 다행인 건 병서어머니가 딸들은 때리지 않는다는 점이에요. 따님들이 착한 것도 있겠지만, 이런 것들을 보면 병서어머니가 나름대로는 화가 나더라도 자제를 하려고 노력하고 있지 않나 하는 생각이 들어요. 우리가 신문이나 TV를 보면 의붓딸들을 학대하는 경우가 많잖아요. 그런 점에서는 아주 다행이지요. 그래서 이런 부분에 대해 병서어머니를 인정해 주시고 그걸 말씀으로도 표현해 주시면 좋겠다는 생각도 들었어요.

댁에 돌아가셔서 생활하시면서 아까 상담 중에 말씀하신 기적 같은 상황, 그러니까 병서아버지도 웃으며 이야기하시고, 병서어머니도 기분이 좀 좋으시고 그런 일이 혹시 일어나는지 잘 관찰하시고 다음번에 제게 말씀해 주시면 좋겠습니다.

제4회

◈ 참석자 : 내담자(이정순)

내담자는 열흘 정도 남쪽지방에 있는 친정에 다녀왔다고 했다. 그런데 제부가 정신과 약은 독약이라 계속 먹으면 바보된다, 죽는다고 해서 친정에 있는 동안 약을 먹지 않았다고 하면서, 치료자에게 어떻게 하는 게 좋겠냐고 물어보았다. 치료자가 '약을 먹지 않으니 어땠는지' '내담자의 생각은 어떤지' 물으니, 약을 먹지 않으니 잠을 자지 못해 아주 힘들었다고 했다. 돌아와서 정신과 의사에게 제부가 한 말을 했더니 막 화를 냈다고 했다. 남편도 제부 욕을 했다고 하면서 자신도 약을 먹어야 잘 수 있기 때문에 먹어야 된다고 생각한다고 했다. 치료자도 약이 생활하는 데 도움이 된다면 먹어야 할 것 같다고 하였다.

치료자 : 지난번 상담하시고 나서 2주 정도 되신 것 같은데, 그동안 뭐가 좀 좋아지셨나요?〈변화에 대한 질문〉

내담자 : 친정 갔다 와서는 병서아빠랑 싸우지 않았어요.

치료자 : 아, 그러셨어요? 어떻게 그렇게 좋아지셨어요?〈변화에 대한 구체적인 질문으로 변화를 확대하기〉

내담자 : 속상해도 모든 걸 속으로 삭이고 참아요.

치료자 : 속상할 때 삭이고 참는 게 쉽지 않으실 텐데, 어떻게 그렇게 하실 수 있지요?〈변화에 대해 강화하기〉

내담자 : 속에서 천불이 나고 힘들어요. 그래도 내가 계속 소리 지르고 부수고 하면, 병서아빠가 딸들만 데리고 이사갈까 봐 … 병서아빠가 도망갈까 봐 겁나요. 내가 잘못하면 날 버릴 것 같아요. 전에도 싸우고 나면 후회가 됐어요.

치료자 : 지난번 상담 때하고는 어머니 마음이 많이 달라지신 것 같은데, 그때하고는 어떻게 다른가요?

내담자 : 예전에는 친정식구들이 병서아빠랑 살지 말라고 했었는데, 이번에는 식구들이 '너 같은 걸 누가 데리고 살겠냐, 같이 살아라' 고 하더라구요.

치료자 : 아, 그러셨군요. 친정식구들의 생각이 달라지셨군요.〈간략한 설명〉

내담자 : 이제 친정엄마도 돌아가셨고, 여동생도 결혼해서 살고 하

니까, 병서아빠랑 헤어지고 나면 저는 아무 데도 갈 데가 없어요.

내담자는 이어 친정식구들에 대해 이야기하였다. 친정식구들은 모두 불교와 무교의 종교를 갖고 있으며 신비적인 부분이 많아서 내담자가 우울증을 앓으면서 귀신이 보이는 것은 이러한 가족배경과도 관련이 있어 보였다.

친정어머니는 절에 열심히 다녔으며, 이모는 무당이었다. 그리고 큰오빠는 등에 부처님 문신을 하고 다녔고, 큰언니는 신굿을 받고 이혼 후 무당이 되었다. 둘째 오빠는 스님상을 하고 있으며 예언을 한다. 내담자가 병서아버지와 동거를 시작했을 당시 큰 해를 끼칠 것이니 살지 말라고 했던 사람도 둘째 오빠다.

내담자 : 그때 병서아빠랑 살면서 친정에 내려갔더니, 둘째 오빠가 그 사람하고 살면 네 눈에 피눈물 뺀다고 살지 말라고 그래요. 둘째 오빠가 예언을 잘 하니까 그 예언을 듣고 친정에서 오랫동안 있었어요. 올라가야 하나 말아야 하나 고민하면서. 병서아빠가 계속 올라오라고 전화를 하는데 제가 계속 망설였어요. 한 한 달 정도 있다가 올라와 봤더니 도박에 빠져 카드빚을 지었더라구요.

치료자 : 그러니까 그때 병서아버지께서 어머니가 안 오시니까 속상해서 경마와 경륜을 하셨군요.

내담자 : 네. 그런 거나 마찬가지예요.

치료자 : 그 말씀을 들으니까 제가 이런 질문이 생기네요. 병서아버지가 경마를 하고 빚을 지게 되서 지금 형편이 어려우신데요. 그게 혹시 예언이 맞은 건가요, 아니면 예언을 믿고 따랐기 때문에 그렇게 된 건가요?

내담자 : ….(침묵하며 생각함)

치료자 : 그때 만약 예언을 따르지 않고 집에 일찍 돌아오셨으면 어떻게 됐을까요?

내담자 : 내가 집에 빨리 왔으면 병서아버지가 도박을 안 했을 수도 있지요.

치료자 : 예. 그런 생각이 드시는군요. 제 생각에는 어머니가 앞으로 예언 중에서도 가족이 행복하게 사는 데 도움이 되는 예언만 믿으면 좋겠다는 생각이 드네요. 좋은 귀신은 병서랑 가족들이 행복하게 사는 걸 바랄 테니까요.

내담자 : 네. 그렇죠.

치료자는 여기서 원가족의 신념과 가치가 때로 내담자의 행동과 가족에게 부정적 영향을 미치는 것 같아 이를 다루고자 하였다. 그러다 보니 해결중심 모델의 기본 가치와는 달리 치료자의 의견이 많이 개입되었다.

치료자 : 이번에 가보니까 친정식구들의 마음도 바뀌고 그래서 병서어머니 마음도 많이 달라지신 것 같은데요. 병서아버지께서도 어머니가 이렇게 달라지신 것을 느끼시는 것 같으세요?

내담자 : 글쎄, 아는 것 같기도 하고 모르는 것 같기도 하고. 말로는 얘기 안 해요. 그래도 병서아버지가 무던하고 착해요. 내가 없는 동안 냉장고도 싹 청소하고, 베란다도 청소하구요. 베란다에 있는 짐도 잘 정리해 놓구요.

치료자 : 정말 그러셨어요? 병서어머니는 참 좋으시겠네요. 그렇게 가정적인 남편을 두셔서 ….

내담자는 계속해서 남편에 대한 칭찬을 늘어놓았다. 1, 2회 상담 때와는 남편에 대한 태도가 완전히 달라져 있었다.

메시지

오늘 뵈니 어머니께서 친정에 다녀오셔서 느낀 게 많으시고 마음에도 많은 변화가 온 것으로 생각됩니다. 속상해도 참으려고 더 많이 노력하시는 것 같고, 병서아버지의 장점도 잘 관찰하신 것 같구요. 앞으로 잘 될 것 같다는 희망이 생깁니다.

친정식구들이 예전에 하신 말씀이나 이번에 하신 말씀이나 모두 어머니를 생각하고 위하는 마음에서 나온 것이라고 생각합니다. 그러나 친정식구들이 워낙 멀리 떨어져 계시고 이곳 사정도 모르시니 때로는 잘못 판단하시는 경우도 있을 것 같아요. 예전에 친정 오빠께서 하신 예언도 병서아버지를 만난 적이 없으시니까 잘 모르시기도 하고 걱정이 되어서 그런 것일 수도 있다는 생각이 듭니다.

앞으로 예언에 대해서도 그것이 좋은 예언인지 먼저 판단해 보시면 좋을 것 같아요. 만약 판단하기 어려우시면 저나 복지관의 선생님들과 함께 의논하셔도 괜찮을 것 같구요.

다음 상담 때까지 과제를 하나 드리겠는데요. 가족이 행복하게 사는 데 도움이 되는 예언과 행복을 방해하는 예언이 어떤 게 있는지 생각해 보시고 다음에 오셔서 말씀해 주시면 감사하겠어요. 그리고 다음에는 병서아버지랑 함께 오시면 더 좋을 것 같습니다.

제5회

◈ 참석자 : 내담자(이정순), 남편(박성수)

치료자 : 오늘 처음으로 두 분이 함께 참석하셨네요. 정말 반갑습니다. 지난번에 어머니가 친정 갔다 오셔서 많이 좋아지셨다고 했는데, 그동안 어떠셨어요?

내담자 : (쑥스러운 듯) 잘 지내고 있어요.

치료자 : 병서아버지께서는 어떠세요?

남　편 : 예. 저도 잘 지내고 있어요. 이 사람이 친정 갔다 온 후 변하긴 변했어요. 그렇지만 아직 얼마 안 됐으니까 모르지요. 다시 옛날로 돌아갈 수도 있으니까요.

치료자 : 예. 그런 걱정이 드실 수도 있지요. (남편을 향해) 병서어머니하고 제일 힘드셨을 때가 1점이고 이만하면 정말 좋다 할 때가 10점이면 지금은 몇 점 정도 되세요?〈진전 상태에 관한 척도 질문〉

남　편 : 한 3점 정도요.

치료자 : 3점이요. 1점이었을 때하고 지금 3점 하고는 뭐가 다른가요?〈변화를 구체화하기 위한 척도 질문〉

남　편 : 지금은 친정 갔다 와서 밥도 하고, 반찬도 만들고, 청소도 해요.

치료자 : 아, 정말이세요? (내담자도 고개를 끄덕임) 놀랍네요. 저는 그 정도면 3점이 아니라 8점이나 9점 정도는 되는 것 같은데요? (웃음) 아버지께서는 워낙 신중하신 분이라 우선 3점만 주셨나 봐요.

남　편 : 저는 한 5점만 되어도 살 수 있을 것 같아요.

치료자 : 아, 그러시군요. 그럼 지금에서 2점만 올라가면 되는 거네요. 그런데 사실 2점도 한꺼번에 올리기는 힘들거든요. 그러니까 우선 1점만 올라가면, 그러면 무엇이 좀 더 달라질까요?〈변화된 상황을 그려보기 위한 척도 질문〉

남　편 : 이 사람이 집에서 뒹굴지 않고 운동하고 산책도 하고 그러면 4점이에요.

내담자는 4점이 되도록 노력할 수 있다고 했으며, 남편이 함께 하면 산책하는 게 좀 더 쉬울 것 같다고 했다. 남편은 처음에는 혼자 하라고 했다가 나중에는 마지못해 같이 하겠다고 했다. 그리고 어디를 언제 산책하는 게 좋을지 구체적으로 이야기를 나누었다.

치료자 : 그런데 참 변하는 속도가 빠르네요. 어머니께서는 어떻게 그렇게 빨리 달라지실 수 있으시죠?

내담자 : 친정 언니가 귀신 나가라고 북어대가리로 막 두드려 팼어요.

치료자 : 아, 그게 도움이 되었군요. 언니께서 참 신통하시네요.

내담자 : 네. 무당 비슷해요.

치료자 : 언니 외에도 또 이렇게 달라지는 데 뭐가 도움이 되었나요?〈문제해결에 도움이 되는 자원 찾기〉

내담자 : 상담하는 게 도움이 되지요.

치료자 : 그러니까 저도 신통하네요.(웃음) 그리고 또 어떤 것이 도움이 되었나요? 좀 더 생각해 보지요.

내담자 : 병서아버지요. 내가 못되게 굴어도 같이 살아주니까.

치료자 : 지난번에도 병서아버지에게 고마운 마음이 많다고 말씀하셨는데, 혹시 그런 마음을 표현해 보셨나요?

내담자 : (미소 지으며 고개를 저음)

치료자 : 그럼 이 자리에서 한 번 말씀해 보시겠어요?

내담자 : 예전에 한 일 미안해요. 이제 안 그럴게요. 싱크대 때려 부수고 병서 때린 일이 가장 미안해요 ….

(남편은 어색해하며 말없이 가만히 있다.)

치료자 : 고마운 마음 말씀하시라니까 미안한 것만 잔뜩 말씀하시네요(웃음). 아마 병서아버지께서 지금 어색해서 말씀은 안 하셔도 속으로는 사과를 다 받아들이셨을 것 같아요. 그렇지요? 우리가 고마운 마음, 미안한 마음, 기쁜 마음이 있어도 이렇게 표현하는 게 쉽지 않아요. 앞으로 마음을 표현하시면서 살면 더 행복하실 거예요.

메시지

오늘 두 분과 함께 상담하면서 저는 참 기분이 좋았고 즐거웠습니다. 물론 두 분 기대가 아주 크시기 때문에 아직 기대하신 만큼 좋아지지는 않았지만, 저는 어머니께서 갑자기 너무 변하셔서 많이 놀랐습니다. (남편을 향해) 그동안 병서아버지께서 여러 어려움에도 불구하고 많이 참으시고 가정을 지키기 위해 노력하신 것을 잘 알고 있어요. 병서어머니께서도 이에 대해 고마운 마음이 많으시구요. 아버지께서는 말씀을 많이 안 하시고, 표현을 많이 안 하셔도 항상 한결 같으신 분, 심지가 굳은 분이라는 생각이 듭니다.

또 어머니는 그동안 변화를 위해 많은 노력을 하신 걸 칭찬해 드리고 싶어요. 경제적인 어려움에도 불구하고 화를 내지 않으려고 노력하시고 집안일을 하시는 것, 또 따님들에게 엄마의 빈자리를 채워주기 위해 노력하시는 것, 모든 걸 칭찬해 드리고 싶어요.

두 분은 그동안 인생에서 여러 고비들을 겪으셨고, 또 많은 상처들을 안고 계십니다. 그렇지만 앞으로 두 분이 서로 상처를 어루만져 주시면서 과거는 빨리 잊으시고 현재와 미래의 행복만 생각하며 사실 것을 당부 드리고 싶습니다.

두 분께 과제를 내드리겠는데요. 아까 우리가 1점을 올리기 위해 필요한 것들에 대해 이야기를 나누었잖아요. 여기에 대해 두 분이 댁에 돌아가셔서 좀 더 생각을 나누시면 좋을 것 같습니다.

제6회

◈ 참석자 : 내담자(이정순), 남편(박성수)

치료자 : 거의 보름 만에 뵙는 것 같은데, 이렇게 오늘 두 분을 뵈니 참 보기 좋고 반갑네요. 날씨도 덥고 한데 그동안 어떻게 지내셨어요?

남 편 : 그럭저럭 잘 지내고 있습니다.

내담자 : 요새 일거리가 없어서 힘들어요. 근데 가슴이 그렇게 답답해도 제가 예전같이 밖으로 뛰쳐나가지도 않고 중얼거리며 돌아다니지 않아요. 참으려고 노력해요.

치료자 : 와, 그래요! 힘들고 답답하셔도 잘 참고 계시네요. 병서아버지께서도 그걸 아셨나요? 부인께서 달라지신 걸?〈관계성 질문을 통해 변화를 확인하기〉

남 편 : 네. 많이 노력하는 것 같아요. 요새는 저한테도 예전 같지 않고 퍼붓지도 않고 병서한테도 잘해요.

치료자 : 정말 놀랍네요. 어떻게 그렇게 완전히 달라지셨어요? 사

실 사람들이 변해야지, 변해야지 하면서도 변한다는 게 쉬운 일이 아니거든요. 아버지께서 보시기에 또 어떤 부분이 달라진 것 같으세요?〈변화를 확대하는 질문〉

내담자 : 글쎄, 많이 참으려고 하는 것 같고 요새는 집안일도 좀 하는 것 같아요.

치료자 : 예. 굉장하네요. 그리고 아버지도 어머니가 변하신 걸 잘 관찰하셨네요. 어머니가 그동안 정말 많이 노력하셨을 것 같은데 … 어떤 비법이 있으신가요?

내담자 : (웃는 얼굴로) 열심히 기도하고 찬송가를 부르면 기분이 좋아져요.

치료자 : 제가 보니 거의 기적이 일어난 것 같은데요. 기도하고 찬송하고, 그 외에도 어떻게 하면 기분이 좋아지세요?〈문제에 대처해 온 성공적 방법을 이끌어내기〉

내담자 : 청소도 하고 노래도 듣구요. 일거리를 찾아서 하다 보면 화가 가라앉아요. 아직 열심히 노력해야 돼요.

내담자는 자신의 변화에 대해 남편이 칭찬을 많이 한다고 자랑했다. 치료자가 아이들은 엄마의 달라진 점을 알아챈 것 같은지, 또 엄마가 변하니 아이들은 어떻게 달라졌는지 물었다. 남편은 아이들이 말은 안 해도 좀 편안하게 느끼는 것 같다고 했다. 내담자는 병서가 기분이 좋은 것 같다고 했다.

치료자 : 어머니께서 이렇게 달라지시니까 아버지는 뭐가 좀 예전하고 다르신 것 같아요?〈내담자에게 초점돌리기〉

남　편 : 아무래도 마음이 좀 편하죠. 사실 이 사람이 이렇게 된 건 저한테도 책임도 있어요. 경마만 안 했어도 이 정도는 아니었겠지요. 카드빚 때문에 독촉장 오고 전화 오고 하니까

이 사람도 불안하죠. 저도 그런 거 알긴 하지만 워낙 퍼부니까 ….

치료자 : 아, 그러니까 병서아버지께서도 그동안 부인께 미안한 마음이 많이 있으셨네요. 표현은 많이 못하셨어도.〈간략한 설명〉

남 편 : 미안하죠. 당연히 미안하죠. 내가 그런 걸 모르는 사람은 아니거든요.

치료자 : 그렇죠. 제가 뵙기에도 굉장히 점잖고 사려깊은 분이시거든요. 어머니도 그동안 병서아버지께서 미안해하신다는 걸 아셨지요?

내담자 : 그렇지요. 그러니까 내가 그렇게 난리쳐도 참았겠지요.

치료자 : 이렇게 오늘 두 분이 서로 미안한 마음을 표시하는 걸 보니 참 아름답게 느껴지네요. 제가 지난번에도 했던 질문을 다시 드리겠는데요. 여기 오셔서 처음 상담받기 시작했을 때, 그때 두 분 사이가 많이 안 좋으셨잖아요? 그때가 1점이구요, 두 분이 '아, 정말 좋다, 둘이 살기를 잘했다' 라는 생각이 들 때가 10점이라고 하면요, 그러면 지금은 한 몇 점 정도 되세요?〈현재의 상태를 구체화하기 위한 척도 질문〉

내담자 : 10점이요.

치료자 : (놀라며) 10점이요? 제가 기대했던 것보다도 훨씬 점수가 높은데요. 어떻게 10점이나 되세요?

내담자 : 그냥 지금 싸움도 안 하니까 10점이에요.

치료자 : 병서아버지는 어떠세요? 지금 한 몇 점 정도 되세요?

남 편 : 나는 한 7~8점 정도 돼요.

치료자 : 아버지가 어머니보다 좀 점수를 짜게 주시네요(다같이 웃음). 그런데 제가 기억하기로는 지난번에 아버지께서 5점

만 돼도 살 것 같다고 하셨거든요. 그러니까 기대했던 5점은 훨씬 넘으셨네요.

남편은 지난번 상담 때까지는 아내가 이렇게 달라질 거라고 믿지 않았다고 했다. 지금도 아내의 변화가 계속될지에 대해서는 걱정을 하고 있었으며, 만약 앞으로도 변화가 계속되면 10점이라고 했다.

내담자는 귀신 보이는 것과 관련한 척도 질문에서 상담 시작할 당시가 1점이면 지금은 5점이라고 했다. 그 이유는 귀신 보이는 횟수도 줄어들었고, 기도를 하고 찬송가를 하면 귀신이 없어지기 때문이라고 했다. 현재의 상태를 유지하기 위해 노력하려는 동기에 대한 척도 질문에 대해 부인과 남편 모두 10점이라고 대답했다. 현재의 상태를 유지하기 위해 무엇이 필요한가에 대해서는 "노력해야 한다"고 했다.

메시지

제가 오늘 참 감동을 많이 받았습니다. 두 분을 만나뵌 지 그렇게 오래 되지는 않았지만, 그동안 두 분에게 참 많은 변화가 있었습니다. 오늘 이렇게 어머니께서는 화장도 아름답게 하고 오셔서 두 분이 나란히 앉아 계시니 무척 잘 어울리는 부부라는 생각이 새삼 듭니다. 아마 자녀들도 부모님의 이런 모습에 신이 날 것 같습니다.

지난번에 오셔서 어머니께서 많이 달라지셨고 두 분 사이도 많이 회복되었다고 하셨을 때 기쁘면서도 은근히 걱정이 되었어요. 이런 변화가 지속되어야 할 텐데 다시 안 좋아지면 실망이 크실 텐데 어떻게 하나 하구요. 그런데 벌써 한 2주가 됐는데도 이렇게 변화가 유지되시고 또 두 분 사이도 더 가까워지신 것을 보니 안심이

됩니다.

그렇지만 사실 짧은 시간에 많은 변화가 일어났기 때문에 약간 걱정스러운 부분도 있습니다. 너무 빨리 올라가다 보면 때로 밑으로 내려올 때도 있거든요. 만약 지금보다 조금 안 좋아지신다고 해도 너무 실망하지 않으셨으면 해요. 어려움이 있으셔도 얼마든지 다시 회복하실 수 있는 힘이 두 분에게 있다고 믿으니까요. 그래도 혹시 두 분이 해결하기 힘든 부분이 있으면 언제라도 다시 연락하시기 바랍니다.

그리고 집에 돌아가셔서 지금의 상태를 유지하기 위해서는 어떤 것들이 도움이 될까, 무엇이 필요한가에 대해 좀 더 구체적으로 두 분이 생각을 나누어 보셨으면 합니다.

3. 평 가

1) 사례의 특성

이 사례는 지역사회복지관의 내담자를 복지관 내에서 상담한 것이다. 치료자는 외래치료자의 역할이었으나 복지관 세팅 내에서 상담을 진행하였기 때문에 평소 내담자와 복지관과의 관계가 치료과정에도 영향을 미쳤을 것으로 생각된다. 일반적으로 지역사회복지관의 내담자는 복지관으로부터 물질적 지원을 받고 있기 때문에 사회복지사가 상담을 권하면 이를 거절하기가 힘들 뿐 아니라 상담을 통해 경제적 지원을 좀 더 받을 수 있기를 기대하기도 한다. 또한 치료자가 비밀보장에 대해 설명을 하여도 내담자는 상담내용이 복지관에 알려질까 봐 걱정을 하는 경우가 많으며 이 점이 내담자와의 신뢰관계 형성을 지연시키기도 한다.

이 사례의 내담자는 상담을 시작할 당시 복지관과 약간 불편한 관계에 있었다. 사례관리를 하던 팀에서 제기한 문제는 물질적 탐욕으로 인한 거짓말과 가족에 대한 폭력으로 이것이 사례를 의뢰한 이유였다. 치료자는 이와 같이 제한적인 환경 속에서 상담을 할 때 내담자의 문제보다 장점과 자원에 중점을 두는 해결중심적 모델을 사용하는 것이 크게 도움이 된다는 사실을 거듭 깨닫게 된다.

2) 효과적이었던 개입방법

치료자는 내담자가 환청과 환시 등의 증상을 보이고 인지수준도 약간 떨어지는 듯 보여 과연 이 사례를 해결중심접근법으로 다룰 수 있을까 걱정하였다. 그러나 해결중심 모델의 예외 질문을 통해 내담자가 그동안 성공적으로 사용하여 왔던 대처방법과 자원을 찾아내고 그것을 지속할 수 있도록 지지한 것은 매우 효과적이었으며, '귀신이 시켜서 남편에게 폭력을 했다'는 내담자의 말을 그대로 믿어 주고 내담자의 지각틀 내에서 상담한 것은 내담자와 신뢰관계를 형성하는 데 중요한 역할을 했다.

3회기에서 내담자가 지금의 남편과 헤어지고 싶다며 전남편에게 돌아가는 것이 낫겠다고 했을 때, 관계성 질문은 다른 가족구성원의 입장에서 상황을 다시 볼 수 있도록 함으로써 내담자가 좀 더 다양한 관점에서 사고하고 합리적인 결정을 내리는 데 도움을 주었다. 척도 질문은 내담자의 남편이 아내의 변화과정을 수치로 확인함으로써 좀 더 명확하게 변화를 인식할 수 있었고, 아내에게 이를 인정하고 지지할 수 있도록 하는 데 도움을 주었다.

3) 아쉬운 점

이 사례는 부부상담이 좀 더 일찍부터 시작되었다면 더욱 효과적인 개입이 이루어질 수 있었을 것 같다. 처음에는 내담자인 부인이 남편과 함께 상담하는 것을 원하지 않았고, 이후에는 남편이 일하는 날이 일정치 않았기 때문에 약속을 잡기가 힘들었다. 만약 이러한 사례를 다시 개입한다면 부부가 함께 상담에 참여할 수 있도록 치료자가 좀 더 적극적으로 권하는 것이 좋을 것이다.

4회기에서 내담자의 친정식구들을 다루는 과정에서 치료자는 원가족의 신념과 가치가 현재 내담자에게 미치는 부정적인 영향에만 초점을 맞추었고, 이 때문에 치료자의 생각이 지나치게 개입된 문제가 있었다. 이는 원칙적으로 해결중심 모델의 가치와 철학에도 부합되지 않는다. 만약 상담의 흐름상 이와 같은 일이 어쩔 수 없었다면, 같은 회기 내에서 혹은 이어지는 회기를 통해 원가족의 장점과 원가족이 내담자에게 미친 긍정적인 영향에 대해서도 탐색하였다면 좋았을 것으로 생각된다.

똑똑한 딸과 지혜로운 어머니

1. 사례 개요

본 사례는 인지적으로 뛰어난 자녀를 둔 부모들이 흔히 겪을 수 있는 자녀에 대한 과잉기대의 문제를 해결중심적 가족치료를 적용하여 극복하게 되는 과정을 보여 준다. 내담자 어머니가 자발적으로 상담기관을 찾아왔으며, 본 치료자와 총 9회의 상담을 하였다.

1) 의뢰과정

담임선생님이 정리정돈을 못하는 내담자의 행동에 대해 지적을 많이 하기 때문에 엄마가 걱정이 되던 차, 신문에서 상담기관의 소식지를 접하고, 직접 찾아오게 되었으며, 본 치료자에게 의뢰되었다.

2) 가족사항

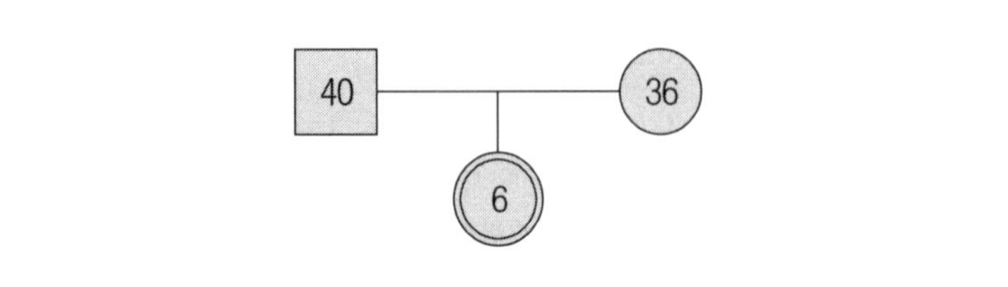

아버지(40세) : 대졸 · 회사원 · 자녀양육에 관심은 있으나, 직장 일로 늦게 귀가하고, 양육에 대한 일차적 책임을 아내에게 두고 있음.

어머니(36세) : 대졸 · 전업주부 · 이지적인 모습. 카랑카랑하고, 자신에 찬 목소리. 자녀양육에 열심. 아이를 갖고 학업을 시작하여 아이 3세 때 대학 졸업. 아이 교육에 관심이 많음. 좋은 엄마가 되기 위해 노력함.

인혜(6세 10개월) : 초등학교 1학년. 밝은 모습. 인지적인 호기심이 많아 책읽기를 좋아함. 해박한 지식 소유. 자신의 의견을 또박또박 말할 수 있음. 엄마가 원하는 것이 무엇인지 잘 알고 있음. 꼼꼼한 반면, 행동적으로는 느려 부모나 교사의 걱정을 사고 있음.

3) 제시된 문제

유치원 다닐 때 주변 아이들에 대한 배려가 적고, 행동적으로 느린 것 같다는 유치원 교사의 지적에 종합병원에 가본 적이 있었다. 그러나 오히려 그곳에서 인지적으로 뛰어나다는 얘기를 들었다. 올해 초등학교에 입학하여 담임교사로부터 정리정돈이 안 되고 다른 아이들에 비해 느리기 때문에 힘들다는 지적을 받았다.

2. 치료과정

제1회

◈ 참석자 : 내담자(인혜), 내담자의 어머니

치료자 : 안녕하세요? (어머니에게 자리를 가리키며) 이쪽으로 앉으시죠. (아이에게) 이쪽으로 앉자.

어머니 : 안녕하세요?

치료자를 소개하고 상담의 구조에 대해 설명하였다. 상담기관을 알게 된 경위를 물으니, 아이가 유치원 때 산만하다고 담임교사가 말하면서, 혹시 행동장애인 것 같으니 병원에 가보라는 권고를 받고, 종합병원에서 검사를 받았으나 오히려 발달적으로 우수하다는 말을 들었는데, 이번에 초등학교에 입학을 하고 나서도 담임선생님으로부터 아이가 정리정돈이 잘 안된다는 말을 듣게 되어 걱정이 되어 상담기관을 찾게 되었다고 하였다.

치료자 : 어렵게 상담기관을 찾아오셨는데요, 무엇이 좀 달라지면 상담받기를 잘 했다는 생각이 드실까요?

어머니 : 1학기 때는 아이의 과제에 대해서 별로 신경을 쓰지 않았는데, 2학기에 접어들어서는 체크를 하는 편이에요. 그러고 나니 거의 과제를 잘 해 가는 편이구요. 방학 끝나고 나서는 10일 전쯤 담임이 일부러 불러 아이의 태도가 좋아졌다고 칭찬도 해 주셨어요. 그러면서 이렇게 좋을 때 엄마가 마저 도와주라고 말씀하셨어요. 그런데 며칠 전 학교에

가니까 담임선생님이 아이 때문에 힘들다는 이야기를 다시 하더라구요. 그래서 뭐가 문제인지 상담받기를 원하던 차에 신문에서 상담소 소식지를 보고 전화하여 찾아오게 된 거죠.

상담의 구체적인 목표를 잡기 위해 질문을 하였지만, 어머니가 상담에 대한 동기는 있으나 아직 목표를 구체화시킬 수는 없었다. 다음에는 아이의 상담에 대한 인식을 알아보고자 하였다. 아이와 상담을 시작할 때에는 단도직입적인 문제에 대한 질문보다 아이의 흥미와 관심사를 가지고 시작하는 것이 효과적이다.

치료자 : 학교에서 좋아하는 과목이 뭐야?

인 혜 : '즐거운 생활' 이에요. 즐거운 생활에는 만드는 것과 노래하는 것이 있는데, 노래하는 거 좋아해요. 그래서 저 때문에 친구들이 사탕을 받기도 해요.(인혜가 소속되어 있는 조가 사탕을 받음)

치료자 : 친구가 많어?

인 혜 : 다섯 명의 친구가 있는데, 두 명은 같은 반이고 나머지는 다른 반이에요. 그건 담임선생님도 '인정' 해 주시는 거예요.

치료자 : '인정' ? 어떻게 그런 어려운 단어를 다 알지?

인 혜 : 엄마가 가르쳐 주셨어요.

치료자 : 선생님이 어떻게 하시면, 인혜를 인정한다고 여겨지지?

인 혜 : 잘했다고 부드러운 목소리로 말씀해 주시는 거예요. 오늘도 흥부와 놀부 기와집 그리기를 했는데, 잘했다고 칭찬해 주셨어요.

아이의 발달적 특성상 의미 있는 타인이나 성인으로부터 칭찬과 인정받는 것을 중하게 여기고 있었다. 특히, 학교생활에서 아이에게 의미 있는 담임교사의 칭찬과 격려는 학교에서의 적응적인 생활에 중요한 요인이 되고 있었다. 따라서 아이가 지각하는 교사로부터 '인정'받기 방법을 파악하는 것이 아이의 학교생활 이해에 도움이 된다고 생각되었다. 특히, '인정'이란 단어의 반복적인 사용은 아이로 하여금 자신의 이야기가 치료자로 하여금 존중받고 있음을 알릴 수 있는 좋은 수단이 된다.

치료자 : 학교에서 선생님께 인정을 받으려면 어떻게 해야 하는데?

인 혜 : 공부를 열심히 해야 하는데, 그것은 선생님 말씀에 귀 기울이는 것과 말해 주시는 것을 잘 들어야 하는 거예요. 쉬는 시간에는 화장실 가고, 손 씻고 ….

치료자 : 만약 내가 인혜 담임선생님과 우연히 만나게 돼서 인혜가 학교생활을 어떻게 하고 있냐고 물어본다면 뭐라고 말씀하실 것 같아?

인 혜 : "잘 하고 있다"고 답할 것 같아요. 왜냐하면 받아쓰기를 100점 받구요. 또 그렇게 하기 위해 읽기, 쓰기 연습을 많이 하기 때문이에요.

치료자 : 아, 인혜가 받아쓰기에서 좋은 점수를 받기 위해 열심히 공부하는구나. 그리고 정리정돈하는 것과 같은 것에 대해 물어본다면 뭐라고 하실 것 같아?

인 혜 : "조금 보통"이라고 말씀하실 것 같아요. 왜냐하면 정리 못할 때도 있기 때문이에요. 하지만 정리 못할 때보다 잘할 때가 더 많아요. 친구들이 어지럽혀 놓으면 제가 정리하라고 얘기해요. 어질러 놓으면 복잡하잖아요.

치료자 : 인혜는 어질러지면 복잡해서 정리하는 게 더 좋다고 생각하고 있구나.

아이는 일단 학교에서 생활을 잘 한다는 것이 공부를 잘하는 것이라는 생각을 갖고 있는 듯했다. 이것은 아이 어머니가 아이에게 인지적 성취에 대한 관심과 이에 대한 긍정적인 반응을 보임으로써 형성된 것이 아닌가 생각되었다. 왜냐하면 어머니가 인혜의 빠른 인지적 발달에 대해 많은 자부심을 갖고 있는 것을 상담 초기에 보였기 때문이었다. 아이 스스로는 학교생활에서 인지적인 측면에서 잘 하고 있다고 판단하고 있었으며, 담임교사와 어머니가 걱정하는 정리정돈의 생활태도에 있어서도 보통 이상이라고 여기고 있는 것으로 판단되었다. 따라서 어머니의 상담에 대한 구체적인 동기와 목표를 파악하는 것이 필요하였다.

치료자 : 어렵게 상담기관을 찾아 오셨는데요. 무엇이 좀 달라지면 상담받기를 잘 했다는 생각이 드실까요?

어머니 : 아이 스스로 알아서 행동했으면 좋겠어요. 아침에 일어나서 책 읽다가, 로션 바르라고 해야 겨우 바르고, 옷 입으라고 계속 재촉해야 옷 입는 시간이 그나마 단축이 되거든요. 그러니까 아이가 일어나서 세수하고 로션 바르고 옷 챙겨 입는 것을 엄마 재촉 없이도 잘 했으면 좋겠어요.

치료자 : 그러니까 어머니께서는 아이가 아침에 일어나서 세수하고 로션 바르고 하는 것이 중요하시군요.

어머니 : 당연한 것 아니에요?

치료자 : 그럼 어머니께서는 언제부터 스스로 세수하고 로션을 바르셨어요?

어머니 : 기억나지는 않지만, 인혜 나이 정도 때부터 아니었겠어요?

치료자 : (놀란 표정으로) 그러셨어요? 그래도 한번 잘 생각해 보세요.

어머니 : (고개를 갸웃하고 미소를 지으며) 너무 이른 시긴가? (호호)

하여튼, 이번 상담의 목표는 아이에게 문제가 없다는 판명을 받고 싶은 거예요.

어머니는 아이 연령에 적합한 행동 그 이상을 원하고 있었다. 이때 직접적인 교육이나 타인과의 비교보다는 어머니가 자라 온 기억, 자신의 경험과 비교하여 자녀의 상황을 이해하도록 하는 것이 어머니로 하여금 거부감이나 방어심을 갖지 않도록 할 수 있다. 어떤 경우는 어머니 스스로 과거의 힘든 기억은 잊고 좋았고 잘했던 것만 기억하는 경우도 있다. 그러나 계속적인 추적은 객관적인 인식을 돕는다. 이 어머니는 스스로 아이를 키우는 것에 자부심을 갖고 있었다. 그래서 아이를 갖고 태교도 열심히 하고, 출산하고부터 열심히 키웠으며, 그로 인해 주변 엄마들에게 인정도 받고 있었는데, 막상 학교에서 교사로부터 긍정적인 인정을 받지 못하자 걱정이 생김을 호소하였다.

메시지

제가 잠깐 나가서 오늘 우리가 서로 나눈 말에 대해 좀 정리를 해 보았는데요. 제가 어머니께 상담 동안에 받은 인상은 참 아이를 많이 사랑하고 계시다는 거였어요. 사실 우리나라 상황에서 아이에게 많은 관심이 있고, 이로 인해 아이를 도와주어야 할 어떤 상황이 생겼어도 막상 상담기관을 찾아오는 사람들은 많지 않거든요. 그런데 이렇게 시간을 내서 자발적으로 찾아오신 것을 보더라도, 아이에 대한 관심과 사랑이 많다는 것을 알 수 있었어요. 그러니까 말씀하셨듯이 아이를 아주 열심히 키워 오셨구요.

이론적으로나 경험적으로 볼 때 부모의 마음가짐이 여러 가지 방향으로 자녀에게 영향을 미치지요. 즉, 알게 모르게 아이에게 전달된다는 거예요.

그것에 대해서 다음에 한 번 더 시간을 갖고 얘기를 나누고 싶은데요. 어떻게, 다음번에 한 번 더 오실 수 있으시겠어요?

어머니는 스스로 상담에 대한 동기도 많고 만약 치료자가 어떤 과제를 내주었다 하더라도 해 가지고 올 준비가 다 되어 있는 고객형으로 분류할 수 있다. 그러나 다음번 상담으로의 초대만으로 과제가 나간 것은 처음부터 생각과제나 행동과제가 부담스러울 수도 있다고 판단되었기 때문이었다.

제2회

◈ 참석자 : 내담자의 어머니

엄마의 기분이 상당히 좋아서 들어왔다. 매회 상담의 시작은 지난주 동안의 긍정적인 변화를 물어봄으로써 시작한다. 문제 중심의 사고에서 해결 중심의 사고로의 전환을 도모하기 위함이다.

치료자 : 지난 1주일을 어떻게 보내셨어요? 좋은 변화가 있었나요?

어머니 : 너무 좋아져서 너무 기분이 좋아요. 인혜가 지난번 상담한 이후 아침에 일어나 세수하고 로션을 바르는 것에 더해서, 로션을 제자리에 갖다 놓기까지 했어요.

치료자 : 세상에, 그랬었구나. 그걸 보고 엄마는 어떻게 하셨어요?

어머니 : 너무 변했다고 칭찬해 주었죠. 더군다나 지난주에 학교에서 독후감 상장까지 받아 온 거예요.

치료자 : 어떻게 그렇게 큰 변화가 일어날 수 있었죠?

어머니 : 아마 인혜가 자신의 문제로 낯선 곳에 와서 엄마가 이야기도 나누고, 걱정하는 모습을 보고 그런 생각을 한 것 같아요.

치료자 : (웃으면서) 그럼 아이가 이제 원하던 행동을 하니까 상담을 종결해야 하겠는데요?

어머니 : 호호호

아이에게서 원하는 행동의 변화를 보았을 때 어머니의 격려적인 언어와 행동이 자녀의 바람작한 행동을 강화한다는 사실을 어머니가 인지할 수 있어야 한다. 이는 대처 질문이나 간접 칭찬과 같은 우회적인 방법을 통해 가능할 수 있다. 또한 이러한 변화가 보고될 때 목표 행동과 비교해서 현재의 객관적인 상황과 보다 구체적인 행동목표를 설정하기 위한 척도 질문이 효과적이다.

치료자 : 현재 아이의 변화에 대해서 생각해 볼 때, "처음 상담에 와서 정리정돈 못하고 아침에 학교 갈 준비행동에 대해 걱정하던 시점을 1점이라 하고, 잘 되어서 걱정이 모두 사라진 때를 10점이라 할 때, 지금 현재 아이의 행동에 몇 점을 주시겠어요?

어머니 : 토요일까지는 10점이었어요.

치료자 : 무슨 행동이 10점이었어요?

어머니 : 금요일 같은 경우, 현장학습이 있었는데, 재킷도 잃어버리지 않고 쉬도 싸지 않고 잘 갔다 왔어요. 인혜가 워낙 덜렁거리기 때문에 옷도 잘 잃어버리는데, 이번에는 가기 전에 제가 많이 당부했기 때문에 잘 갔다 온 것 같아요.

치료자 : 어머니도 당부를 하셨지만, 인혜가 엄마의 말을 잊지 않고 잘 따라 준 것 같네요.

어머니의 당부도 있었지만, 그에 대한 반응으로 아이의 주도적인 의지에 의해 아이 행동에 변화가 있었다는 재명명이 필요했다. 단지 어머니의 행동에 대한 아이의 단순한 반응이 아니라, 아이의 생각과 의도에 의해 반응적 행동이 있다는 것을 어머니가 아는 것이 매 일상에서 아이의 입장을 이해하는 데 도움이 될 것이라고 판단되었기 때문이다.

어머니 : 그런데 오늘은 9.5 정도 주어야 할 것 같아요. 왜냐하면 아침에 일어나서 내복을 벗어서 개켜 서랍에 넣어야 하는데, 오늘은 서랍에 넣지 않았거든요.

치료자 : (웃으며) 그럼 어머니는 언제부터 내복을 벗어 옷장에 개켜 넣으셨었는데요?

어머니 : (웃기만 하고 곧 답을 못함) 내가 아이에게 너무 요구하고 있나? 호호.

치료자 : 지난 한 주 동안 아이에게서 엄마가 원하는 모습으로의 변화를 관찰할 수 있는데, 엄마의 어떤 행동이 조금 달라졌기에 그럴까요?

어머니 : 옛날에는 소리 지르고 때리는 행동을 많이 했었는데, 지난주는 말로써 많이 하려고 노력했어요.

말로써 하는 훈육은 지난 한 주 동안의 변화는 아니었고, 몇 개월 전서부터 노력해 오고 있는 중이었다. 지난주는 아이의 등굣 길에 이전처럼 뭔가를 하거나 하지 말아야 할 일에 대해 얘기하기보다는 친구와의 관계 등에 대한 것으로 이야기 화제를 바꾸니 아이 편에서 먼저 학교생활에 대한 이야기를 풀어내었다고 말했다. 하굣길에 창문으로 보니 담임교사의 말처럼 인혜가 다른 아이들에 비해 정리 속도가 느린 것을 보게 되어, 단지 담임교사의 편파적인 이야기가 아니라 인혜의 행동적 특성임을 수용하게 되었다고 하였다.

치료자 : 인혜에게서 지난 한 주 동안 많은 변화를 발견할 수 있었는데, 갑작스러운 긍정적인 변화는 부정적인 변화를 수반

할 수 있어요. 그러니까 2보 전진, 1보 후퇴, 뭐 그런 거죠. 인혜의 다른 친구들은 어때요? 친척들 가운데 인혜와 같은 나이인 아이가 있나요?

어머니 : 있어요. 사촌들이 서로 비슷해서 4학년, 3학년, 1학년 인데, 모두 장녀라는 같은 상황이에요. 4학년짜리는 우리 인혜와 비슷한 성향으로 늘어놓고 하는데, 3학년짜리인 애는 책도 많이 읽고 정리정돈도 야무지게 하는 편이에요.

메시지

지난주 처음으로 상담을 받았는데 아이에게서 큰 변화를 발견할 정도로 양육행동을 변화시킨 것에 굉장히 놀랐어요. 누구든지 마음 먹기는 쉬워도 행동으로 옮기는 것은 쉽지 않은 법이거든요. 그런데 어머니께서는 엄마 보기에 별로 마땅치 않은 아이의 행동을 책망하는 것에서 벗어나 말로써 아이를 훈육하려고 노력하셨다는 점에서 참 인혜를 사랑하고 계신다는 것을 알 수 있었어요. 참 대단하세요. 그러니까 오히려 인혜가 어머니가 원하는 행동, 아까 말씀하신 것처럼 묻지도 않았는데 친구나 학교생활에 대해 얘기도 하게 된 것 같아요.

심리학자들의 견해에 따르면, 일반적으로 부모는 자녀의 출생순서에 따라 조금씩 다르게 자녀를 대한다고 해요. 예를 들면, 첫째 아이에 대해서는 부모 스스로 양육 경험이 없기 때문에 아이가 하는 모든 것이 처음이고 신기해서 아이의 모든 행동에 의미를 부여하고 기뻐하죠. 대신에 아이의 발달 수준에 따라 기대하는 행동은 그 아이의 나이나 발달 수준 이상의 것을 원하는 경우가 많다고 해요. 반면 둘째나 막내에 대해서는 큰 아이 때 다 보았던 행동들이라 새로운 것이 없어서 그 아이가 보이는 새로운 행동에 별로 흥분하지 않죠. 대신에 큰 아이에 비해 좀 더 느긋하게 양육하게 되죠. 그러니까 닦달하기보다는 좀 더 기다려 줄 수 있게 된다고나 할까요? 아이가 하나인 부모는 아마 첫째를 양육하는 것과 같을 거예요.

또래와 비교하기 위해 인혜 친구들의 집에서의 생활과 학교생활에 대해 정보를 얻는 것이 아이에 대한 부모의 객관적 기대가 가능할 것 같네요. 다음에 오실 때까지 인혜 친구 몇 명이라도 집에서 어떻게 생활하는지 엄마들과 한 번 대화를 나눠 보시지요.

치료자가 보기에 인혜의 정리정돈 못하는 모습이나 아침에 로션을 바르고 나오지 않거나 하는 행동들은 초등학교 1학년 아이 수준에서는 일상적인 것들이었다. 어머니의 기대수준을 낮추기 위해서는 같은 또래 친구들의 행동특성에 대해 어머니가 객관적으로 아는 것이 중요하다는 판단이었다. 따라서 또래집단과의 비교 과제가 제시되었다.

제3회

◈ 참석자 : 내담자의 어머니

(상담에 들어오는 엄마의 기분과 모습이 매우 밝았다.)

치료자 : 지난 1주일 동안 잘 지내고 오신 것 같은데요?

어머니 : 아이가 여전히 아침시간을 잘 보내고 학교에 가고 있구요. 지난주에 선생님께서 말씀하신 대로, 같은 학부형들에게 아침에 아이가 일어나서 학교에 가기까지의 소요시간을 물어보았더니, 40분이면 바쁘고 한 시간이면 충분하다는

거예요. 전 지금까지 30분 정도 남기고 일어나서 준비를 시키고 있었거든요? 그러다 보니까 아무래도 아이를 채근하게 된 것 같아요. 그래서 오늘 아침은 40분 전에 기상해서 준비시켰어요.

치료자 : 세상에, 그러셨구나. 그랬더니 뭐가 좀 달라졌어요?

어머니 : 변한 것은 옛날에는 몇 십 초 간격으로 "세수해라" "세수했니?" 그러면서 채근했는데, 지금은 간격을 두고 아이의 행동을 보면서, "세수해라" 하고 좀 지켜보다가 "시간이 얼마 안 남았네"라는 식으로 얘기를 했어요. 그랬더니 아이가 덜 스트레스를 받고 스스로 준비하더라구요. 이제는 로션까지 엄마가 말 안 해도 스스로 발라요.

과제를 통해 어머니 스스로 등교시간 전 너무 짧은 준비시간을 두어 아이를 몰아붙이고 있었다는 사실을 자각했고, 이에 더해서 어머니는 자신이 인식한 것을 바로 행동으로 옮기는 실천력이 있었다. 지난 과제의 목적인 또래 아이들의 행동특성을 파악하여 자녀의 행동을 정상화하고 있는지의 여부를 파악할 필요가 있었고, 어머니의 양육방식이 변함으로써 어머니가 원하는 자녀의 행동이 가능해진다는 사실을 다시 한 번 인식시킬 필요가 있었다.

치료자 : 그건 상담 올 때 어머니께서 가장 바라던 모습이었는데, 어떻게 해서 아이가 그렇게 변할 수 있었던 것 같아요?

어머니 : 그러니까 아이가 아니라 제 자신에게 문제가 있었던 것 같아요.

치료자 : 글쎄, 문제가 있는 것이 아니라, 엄마가 잠깐 놓쳤던 부분이 있었던 것이라고 말하는 게 더 정확할 것 같은데요? 그럼, 처음 상담 왔을 때의 상황을 1점, 걱정했던 행동이

없어지는 상황을 10점이라고 할 때, 지금은 몇 점 주시겠어요?

어머니 : 6점이요. 왜냐하면 아직도 한 번 이상 잔소리를 해야 가능하기 때문이에요.

지난 회기의 9.5점보다 낮아진 6점이다. 이 점수의 차이가 지난 주보다 상황이 더 나빠졌다는 것을 의미하지는 않는다. 오히려 어머니에게 상황을 보는 객관적인 눈과 기대가 생겼다고 생각하는 것이 옳을 것이다. 따라서 6점의 모습을 구체화시키는 것이 중요하다고 생각하였다.

치료자 : 6점을 주시는 행동은 무엇인가요?

어머니 : 아이의 행동이 늦는다는 게 문제예요. 정리정돈하는 것도 느리지만, 밥 먹는 시간도 오래 걸려요. 먹여 주면 빠른데, 혼자 먹으면 밥을 퍼서 입에 넣기까지의 행동이 느린 편이에요.

6점의 행동을 묻는다는 것이 오히려 아이에 대한 불평을 낳는 결과를 초래하였다. 아이가 기질적으로 느린 것인지를 알아보기 위해 아이의 발달사를 묻는 과정에서 아이를 낳아 두 돌이 될 때까지 어머니 본인이 대학과정을 마쳤기 때문에 양육과 공부를 병행하는 데 어려움이 있었음을 알게 되었다. 그럼에도 불구하고 밤에는 공부하고 낮에는 아이와 하루 종일 붙어서 책도 읽어 주고 놀아 주는 등 양육, 특히 인지적 교육에 열심이었음을 알 수 있었다.

메시지

오늘 어머니와 이야기를 나누면서, 어머니가 아이 양육과 교육에 가장 관심을 갖고 있으면서도 실천력도 있으신 분이라는 생각이 들었어요. 물론 우리나라 사람이 숙제에 민감하기는 하지만, 주변 엄마들에게 어떻게 아이와 하루를 보내는지 알아보라고 하니까 바로 물어보시고, 또 어떤 부분이 어떻게 해서 달랐는지에 대한 분석까지 다 끝내셨잖아요? 그리고 분석 결과, 아침 준비시간이 더 필요하다는 생각에 좀 더 일찍 일어나셔서 준비하시는 그 행동력까지 참 대단하신 분이세요.

그런데 생각해 보면, 성인이나 어른은 아무래도 살아온 경륜도 있고 식견도 있지만, 아이는 그런 부분이 많이 모자라기 때문에, 변화에 대한 동기나 이를 행동으로 옮기려 하는 부분이 성인과 비교해 볼 때 더 어려운 것 같아요. 그러니까 어떤 변화, 엄마가 원하는 그런 행동들로의 변화가 하루아침에 일어나는 것이 어렵다는 얘기죠. 물론 그렇게 되어 주면야 더 바랄 것도 없겠지만 … 그래서 아이의 변화를 위해서는 수많은 물밑 작업을 통해서만 결실을 볼 수 있는 것 같아요.

그런 의미에서 어머니께서 지난주에 해 보신 행동, 다시 말해서 아이가 학교에 등교하기 전에 엄마가 인혜에게 보인 그 여유로운 양육행동을 방과 후 잠들기 전까지 한 번 확대해서 해 보는 거예요. 매일 그렇게 하는 것이 힘들면, 동전을 던져 날을 정하든가 아니면 그냥 마음 내키는 날 해 보든가 하시고, 그런 날 아이가 어떠했는지를 다음에 오셔서 함께 얘기해 보죠.

이번 과제는 행동하는 과제와 관찰 과제가 동시에 주어졌다. 지난 과제에서 어머니 스스로 자발적으로 행동하기를 보여 주었기 때문에, 행동하기 과제가 용이하다는 판단이었다.

제4회

◈ 참석자 : 내담자의 어머니

치료자 : 지난주는 어떠셨나요?

어머니 : 지난주에 사건이 하나 있었어요.

지난 금요일에 초등학교에서 한자인증시험이 있었는데, 아이가 커닝을 하다가 선생님께 들킨 일을 이야기하였다. 충분히 준비하지 못한 상태였기 때문에 인증서를 못 따도 된다고 이야기하였음에도 불구하고, 아이가 인증서를 따서 엄마를 기쁘게 하고 싶었다고 하였다. 하지만 인혜 어머니는 이번에 인증을 못 따서 아이가 동기가 더 높아지기를 기대하였다. 이에 치료자의 자기노출과 함께 어머니의 자녀에 대한 기대와 인지적 교육, 인성 교육에 대한 관점을 파악하고자 하였다.

치료자 : 저도 제가 유치원 다닐 때, 선생님이 다른 아이들은 다 나누어 주면서 저에게는 주지 않았던 공책을 선생님에게 말도 안 하고 그냥 가져와서 엄마에게 혼나고 도로 가져갔던 기억이 있어요. 그때 어떤 나쁜 마음을 먹었다기보다는 그냥 나만 못 받은 것이 섭섭해서 그랬었거든요. 대체로 아이들이 성인이 보기에 부적절하다고 생각되는 행동을 처음 할 때에는 나쁜 동기가 있기보다는 그냥 하는 경우가 많거든요. 어머니는 어떠셨어요?

어머니 : 저도 초등학교 저학년 시절 집안에서 돈을 꺼내 다른 곳에 숨겼다가 아버지에게 들켜 매 맞았던 기억이 있어요.

치료자 : 그랬을 때 마음이나 느낌이 어땠어요?

어머니 : "그러기에 돈을 좀 주지 …" 했던 원망의 마음이 생각나

네요.

치료자 : 그러세요? (웃으면서) 인혜에게 엄마에게 혼날 때의 마음이 어떠했을까를 물으면 뭐라고 답할 것 같으세요?

어머니 : 호호호. 아마 매로 때리지 말고, 그냥 벌을 주는 것이 좋을 것 같다고 말할 것 같아요. 왜냐하면 작년에 매도 들고 말도 하고 그러니까 잘 되는 것 같았거든요. 그런 훈육방법이 좋은 것 같아요

타인의 관점을 통해 생각의 변화를 일으킬 수 있는 관계성 질문은 이러한 상황에서 유용하다. 어머니 자신의 어린 시절에 대한 회상과 연결하여 인혜의 감정을 유추하도록 인혜의 관점으로 상황을 느끼는 기회를 제공할 수 있었다. 그러나 어머니는 아직 아이의 감정을 읽지는 못했다. 이후 인혜가 하고 있는 아홉 종류의 사교육에 대해 이야기하면서, 다른 아이들도 그 정도 하고 있다고 하였다. 사교육 선생님들로부터 아이가 창의적이고 음악 부분에서도 음감이 발달되어 있다고 평가를 받는 등 아이의 인지발달에 대해 긍정적인 평가를 많이 받고 있었다. 따라서 어머니도 아이의 인지교육에 많은 관심을 가지고 있고, 또 이를 뒷받침하기 위해 많은 여건을 마련해 주고 있었다.

치료자 : 상담을 시작한 후, 변화가 있었다면 뭐가 가장 많이 변한 것 같아요?

어머니 : 아침에 아이에게 잔소리하는 것이 줄어들었는데, 그러니까 오히려 아빠가 잔소리를 하기 시작하는 거예요. "너 그러면 늦지 않느냐?" 하지만 아빠가 인혜에게 칭찬도 많이 해 주시는 편이거든요. 만약 아이가 만화 그리기를 하고 있으면, "인혜는 만화가가 되어야겠구나"라며 칭찬도 많이 해 줘요.

어머니는 집안 정리정돈을 잘 못하는 여자가 이혼의 위기를 맞는 것을 본 경험이 있어서, 인혜가 정리정돈을 잘 하도록 하는 것이 중요하다고 하였다.

메시지

지난주에 그런 일이 있었는데, 그날 하루로 잘 넘어간 것이 참 다행이었다는 생각이 들었어요. 아니면 며칠을 두고 같은 얘기를 반복하고 또 반복해서 아이를 혼내는 집들이 많거든요. 또 어머니께서 상담 이후 아침에 잔소리가 많이 줄어들었다고 하셨는데, 그건 바로 엄마의 노력이 반영된 결과라고 보아지네요.

지난번에도 말씀 드린 것처럼 아침시간뿐 아니라 아이가 학교에서 돌아와서 잘 때까지 아이의 잘한 행동에 대해 칭찬하려고 하는 것, 그럴려면 칭찬거리를 찾아야 하는데, 그런 찾으려는 눈을 갖는 것이 중요하죠. 지난 사건으로 숙제를 잘 하시지 못한 것 같은데요(웃음). 다음주까지 한 번 날을 정해서 칭찬하는 날로 지내보시고, 아이의 반응을 관찰해 오세요. 참 다음번에는 인혜도 함께 오도록 하죠. 어머니 잔소리가 줄어들 만큼 인혜가 잘하고 있는데, 칭찬해 주어야겠어요.

지난 과제가 너무 앞서갔다는 판단이었다. 등교 전 시간을 적절하게 보내고 있는 것을 강화한 후 확대했어야 했다. 너무 빠른 속력은 오히려 변화를 주춤하게 한다. 따라서 이번 과제는 한 번의 행동과 관찰로 제시하였다. 또한 아이의 변화를 단지 어머니의 보고에 의존하고 있었기 때문에, 인혜를 만나 직접 변화의 동기를 듣고 격려하고 인정하는 시간을 가질 필요가 있었다.

제5회

◈ 참석자 : 내담자, 내담자의 어머니

(어머니와 인혜가 웃으며 들어왔다. 인혜가 오랜만에 왔기 때문에 인혜와 더 많은 이야기를 나누려고 하였다.)

치료자 : 선생님 안 보는 동안 어떻게 지냈어?

인 혜 : 재미있게 지내고 있어요. 음, 오늘도 동물원에 가서 동물 먹이 주는 것이 재미있었어요. 학교에서도 재미있게 지내고 있어요.

치료자 : 처음에 선생님 볼 때, 엄마가 인혜가 빨리 정리를 못해서 걱정이라고 했는데, 요새는 어때?

인 혜 : 요새는 정리를 빨리 하는 편이에요.

치료자 : 그렇구나. 요샌 정리를 좀 빨리하게 되었구나. 그런데 그걸 엄마가 알아채셨을까?

인 혜 : 네. 알고 있어요. 왜냐하면 엄마가 요새 칭찬을 많이 해 주시거든요. 그리고 제가 학교에서 상장을 받아 오기 때문에 엄마가 잘 알고 있다고 생각해요.

치료자 : 그렇구나. 그럼 또 누가 인혜가 정리를 빨리하게 되었다는 것을 알 수 있을까?

인 혜 : 음, 또 담임선생님요. 그것은 과제를 할 때 빨리하기 때문이에요.

치료자 : 아, 과제를 빨리하게 되었구나. 그리고 또 누가 알 수 있을까?

인 혜 : 급식 아줌마들이요. 왜냐하면 제가 '다다다다' 하기 때문이에요.

치료자 : '다다다다' 가 뭔데?

인　혜 : 제가 무언가를 빨리할 때의 모습이에요. 옛날에는 밥 먹는 것이 꼴찌였는데, 지금은 인혜보다 늦게 먹는 아이들이 있거든요.

치료자 : 와, 인혜가 빨라진 것을 많은 사람들이 알게 되었구나. 어떻게 그렇게 할 수 있었지?

인　혜 : 그냥요. 빨리할라고 생각했기 때문에 ….

치료자 : 오, 인혜는 어떻게 하려고 생각하면 그렇게 할 수 있구나. 그래, 엄마도 인혜가 아침에 일어나서 로션도 잘 바르고 밥도 잘 먹고 그런다고 칭찬하시더라.

정리를 빨리하는 다양한 행동들을 인혜에게 관계성 질문을 통해 구체화하려고 하였다. 또한 그런 변화가 인혜 자신의 의지로 인해 가능했다는 사실을 인식시키기 위해 인혜의 대답을 재구성하여 반영해 주었다. 그리고 인혜에게 엄마가 치료자와 매주 무슨 이야기를 할까, 혹시 자신에 대해 나쁜 얘기만 하지 않을까 하는 우려가 있을까 봐(청소년 자녀들에게는 특히 예민한 부분이다), 어머니의 구체적인 칭찬의 내용을 전달해 주었다.

이야기를 나누고 나서 인혜는 상담실 책장에서 책을 빼 와서 책을 읽기 시작했다. 치료자와 대화를 나누는 것보다 책 읽는 것에 더 많은 관심을 갖고 있으므로, 어머니와의 대화를 시도하였다.

치료자 : 지난주는 어땠어요?

어머니 : 괜찮았어요. 아이가 수학은 곧잘 하는데, 국어는 그렇지 않고 … 그런데 지난주에 인혜가 신발을 정리한 것이 두 번이나 돼요.

치료자 : (인혜에게) 어떻게 그럴 수 있었어?

인　혜 : 지난 토요일에 엄마가 폭발을 했거든요.

치료자 : (어머니에게) 아니, 그게 무슨 소리에요. 폭발이라뇨?

어머니 : 이가 많이 아팠는데, 치과 선생님께서 그것이 스트레스성이라고 하셨어요. 토요일에 집안정리도 안 되어 있고 할 일이 많은 것에 대해 남편에게 막 화를 냈었거든요. 그랬더니 남편도 스트레스성을 인정하구요. 그래서 아빠와 얘가 제 눈치 보며 열심히 무언가 하려고 그랬어요.

치료자 : 아, 엄마도 사람인지라 폭발할 수 있죠.

어머니가 직접 아이 앞에서 아이의 칭찬거리를 얘기하였기 때문에, 바로 아이에게 행동의 동기와 의지를 확인할 수 있는 간접 칭찬을 해 주었다. 어머니가 생각하는 목표행동의 성취 정도를 파악하기 위해 어머니에게 척도 질문을 하였다.

치료자 : 제가 잘 하는 질문 있죠? 인혜의 로션 바르는 것은 현재 몇 점 주시겠어요?

어머니 : 글쎄, 한 5점요? 잘할 때와 못할 때가 반반이기 때문이에요. 그리고 아침 먹는 시간도 아직 여전히 길구요.

치료자 : 지난주 동안 한 번도 어머니가 원하는 시간만큼 아침 먹은 적이 없었어요? 그럼 어떻게 하면 아침 먹는 시간이 좀 줄어들 수 있을까요? 예전에 그런 적 없었나요?

어머니 : 글쎄요. 그런데 자기가 좋아하는 반찬이면 빨리 먹을 것 같아요.

치료자 : 좋아하는 반찬이 뭔데요?

어머니 : 뭐, 햄이나 계란, 소시지 같은 거죠. 그런데 애 아빠가 그런 것도 싫어하지만 간단한 빵이나 그런 것도 싫어해요.

그렇지만 한 번 생각해 보아도 좋을 것 같네요.

무언가 아직 잘 되지 않고 있다고 여겨질 때 예외탐색이 유용하다. 한 번도 바라는 행동이 일어나지 않기는 쉽지 않기 때문이다. 어머니의 경우 지난 한 주 동안에는 원하는 만큼의 시간 내에 아이가 밥을 먹지 않았을 수도 있으나, 과거 경험에서 볼 때 아이가 빨리 밥을 먹었을 때, 즉 예외를 생각해 내게 하여, 현재 문제의 해결책을 찾아볼 수 있도록 도울 수 있었다.

메시지

오늘 인혜를 다시 만나서 반가웠어. 그런데 선생님이 더 반가웠던 것은 학교 선생님이나 급식 도와주시는 아줌마들이 다 알아챌 수 있을 만큼 인혜가 '다다다다' 하게 된 거야. 인혜는 뭔가 하려고 마음만 먹으면 그렇게 할 수 있는 아이란 걸 선생님이 이제 확실하게 알게 되었어. 사실 그거 참 어려운 일이거든. 그래서 인혜가 참 대단하다고 느꼈어. 앞으로도 계속 파이팅이야.

어머니도 지난주 아이를 위해 많이 노력하신 것 같아요. 그리고 그것이 이미 결실을 맺고 있고 있는 것 같네요. 왜냐하면 인혜가 엄마의 변화를 벌써 알고 있잖아요? 엄마가 많이 칭찬해 주셔서 생활을 잘 하는 것 같다고 말했잖아요? 지금도 학교 가기 전에 시간을 두고 아이에게 느긋하게 대하고 계신다고 했는데, 오후시간으로 확장해 보는 것은 어떠셨어요? (못한 것 같다고 어머니가 얘기하면서, 아이가 책을 보고 제자리에 넣지 않는 것에 대해 불만을 얘기하였다.)

그렇다면 오후시간도 등교 전처럼 느긋하게 보내는 한 방법으로, 이런 것은 어떨까 생각이 드는데요. 아까 말씀하신 것처럼 아이가 책을 보고 나서 정리하려고 할 때, 비록 자기가 다 본 책이지만 한꺼번에 정리하는 것이 아이에게 힘이 들 수 있어요. 그럴 때 서로 양을 정해서 엄마가 일부 정리하고 같이 한쪽에서 아이가 정리하도록 하는 거죠. 한 가지 예에요. 다음주에 뵙도록 하죠.

등교 전의 짧은 시간은 안정적으로 변하고 있는데, 하교 후로의 확대에는 어려움을 겪고 있었다. 너무 긴 시간 동안 아이와 수많은 상호작용이 일어나므로 성공 경험을 갖기 힘들었다. 따라서 오후에 가장 불만을 갖고 있는 책 정리에 대한 하나의 방법을 제시하였다.

제6회

◈ 참석자 : 내담자의 어머니

치료자 : 지난주 어떻게 보내셨어요?

어머니 : 아주 괜찮게 지나갔어요. 세수하고 로션 바르는 일은 반반이지만, 식습관도 많이 좋아졌어요.

치료자 : 어떻게 좋아졌는데요?

어머니 : 아침 먹는 시간이 많이 줄어들었어요.

치료자 : 어떻게 그럴 수 있었어요?

어머니 : 뭐, 자기 좋아하는 반찬을 주기도 했고, 콘플레이크 같은 것도 주었어요. 아빠하고 상관없이. 그러다 보니 옛날보다 빨리 주어진 양을 먹는 것 같아요. 그리고 또 하나는 저녁시간에 간식 주는 것을 없앴어요. 남편이 저녁에 꼭 간식 같은 주전부리를 하는데, 대신에 저녁시간을 당겼죠. 그러다 보니 저녁도 빨리 잘 먹고, 그러다 보니 일찍 자게 되더라구요. 대체로 10시면 자게 돼요. 그러니까 아침에 내가

일어나는 것이 수월하구요. 그리고 인혜도 일어나는 것이 가벼워진 것처럼 보이구요.

치료자 : 세상에, 그렇게 다양한 방법을 생각해 내셨어요? 그리고 그걸 다 실천하구요? 와! 어떻게 그렇게 하실 생각을 다 하셨어요?

어머니 : (활짝 웃으면서) 아빠가 협조를 많이 해 주었어요. 매일 퇴근하면 TV만 보기 때문에, 인혜가 항상 같이 보고 싶어했는데, 이제는 주말에만 TV를 보기로 합의를 봤어요. 그래서 아이들이 자는 시간이 더 당겨질 수 있었던 것 같아요. 지난주에 제가 울고불고한 것이 아마 남편에게 효과가 있었던 것 같아요. 호호호. 그래서 옛날에는 11시나 12시에 자던 것이 지금은 늦어도 10시에는 잠자리에 들게 되었어요. 자는 시간이 일찍이니까 아이가 아침에 깨워도 쉽게 일찍 일어나고 자기 잠자리도 정리할 수 있더라구요. 그리고 아침에 아이가 싫어하는 반찬은 먹여 주니까, 준비하는 시간이 어쨌든 단축되었어요. 요새는 학교에 혼자 가기도 하고, 신발정리도 하고,(3일/1주일) 자기 의지로 가방도 걸려고 하는 것을 보면, 인혜도 많이 변한 것 같아요.

지난주의 긍정적인 변화들을 구체화시키고, 이런 변화가 일어날 수 있게 한 어머니의 변화와 노력을 끌어내기 위해 간접 칭찬의 방법은 효과적이었다. 어머니 스스로 자신의 노력과 이를 위한 다양한 방법들을 생각해 내고, 남편과 아이에게서 긍정적인 변화와 협조적인 행동들을 생각해 낼 수 있었으며, 이를 칭찬하고 인정하며 격려할 수 있게 되었다. 이러한 변화는 이후 가족과의 관계에 보다 긍정적인 순환행동을 유발할 수 있는 또 하나의 시작점이 될 수 있다.

치료자 : 인혜가 참 많이 변했는데요. 그렇게 되기 위해 어머니께서 노력을 많이 하셨잖아요? 지난 한 달 동안 어머니가 변화한 점은 뭐라 생각되세요?

어머니 : 첫째는 좀 제가 너그러워진 것 같아요.

치료자 : 너그러워졌다는 말은?

어머니 : 그러니까 말하는 것이 부드러워졌다고나 할까? 예전에는 명령조로 말하던 것이 좀 변했어요. 아마 느긋해져서 그런 것 같아요. 그리고 둘째로는 아침에 일어나는 시간을 일찍 당겼더니 아침시간에 여유가 생겼구요. 셋째는 인혜의 방과 후 시간을 조절했어요. 보다 체계적으로. 그러니까 학교에서 돌아와서 4시부터 학습지와 관련된 공부를 하면, 저녁 먹고 나서 잘 때까지 자유시간을 주는 것으로 바꾸었더니 괜찮게 되어 가고 있어요.

치료자 : 그런 엄마의 변화를 인혜가 알고 있을까요?

어머니 : 아마 알 거예요.

치료자 : 인혜가 엄마의 어떤 점을 보고 변했다고 느끼고 있을까요?

어머니 : 첫째는 내가 과거에 비해 혼내지 않는 편이구요. 목소리를 크게 내지도 않구 있어요. 둘째로는 엄마가 스킨십을 많이 해 주는 거죠. 그리고 요새 "엄마가 웬일이야? 그림도 마음대로 그리게 하고"라고 말한 적이 있어요. 그 말은 며칠 전 할 일을 다 마친 저녁시간에 자기가 하고 싶은 일을 하게 했더니, 말한 소리였는데요. 예전에는 숙제할 것을 다 마치지 못했기 때문에 저녁시간에도 큰 소리가 났는데, 지금은 저녁 먹기 전에 다 마치게 되었기 때문에, 저도 아이도 다 편하게 저녁을 보내고 있어요.

치료자 : 엄마와 인혜와의 관계나 다른 행동들이 변했다는 것을 아빠가 아실까요?

어머니 : 그럼요. 왜냐하면 남편은 아이와 어디 갔다 오는 것을 싫어하는 편이었는데, 지난 주말에 집 앞 공원에 아이와 함께 나갔다 들어오는 얼굴이 환해 보였어요. 아마 인혜가 아빠 말을 잘 따르고 더 재미있게 갔다 온 것으로 보이더라구요. 그리고 제가 아이에게 소리를 덜 지르기 때문에 좀 변했다는 것을 알겠죠?

어머니의 변화를 자기의 관점에서, 관계성 질문을 통한 타인의 관점에서 알아보았다. 비록 같은 종류의 답이 반복되기는 하였으나, 변화된 행동을 강화할 수 있는 가장 좋은 방법이다.

치료자 : 그럼, 인혜의 변화는요?

어머니 : 인혜는 기본생활습관, 그러니까 학교에서의 생활, 신발정리, 욕실에서의 로션 바르기, 아침 빨리 다 먹기 등 뭐 그런 것들이 나아졌는데, 그런 것들을 제가 저녁 먹으면서 아빠에게 이야기를 해 주기 때문에 아빠도 아이에게 칭찬을 많이 해 줘요.

치료자 : 그렇다면 요새 인혜의 행동에 대해 몇 점 주시겠어요?

어머니 : 한 7점 정도요.

치료자 : 그럼, 몇 점 정도가 되면 상담을 종결할 수 있을까요?

어머니 : 한 8점? 8점이 목표에요.

치료자 : 그러시구나. 그럼 얼마 남지 않았네요? 와, 파이팅. 그런데 8점의 모습은 어떤 거예요?

어머니 : 8점은 제가 잔소리를 지금보다 덜 해도 인혜가 아침 준비

시간을 잘 지키는 것이고, 또 약속을 잘 지키는 거예요.

메시지

제가 어머니와 상담을 하면서 매번 느끼는 것이지만, 어머니가 참 인혜에 대해서 잘 알고 있다는 생각을 했었는데, 오늘도 그랬어요. 아이가 좋아하는 것과 싫어하는 것, 어떻게 하면 부딪치지 않고 싫어하는 것을 극복할 수 있는지, 그러니까 좋아하는 반찬을 주거나 자는 시간을 당겨 일찍 일어날 수 있도록 도와주거나 하는 아이에게 적합한 다양한 방법들을 찾아내고 또 실천해 볼 수 있었던 것 같아요. 아마 지난 1년 동안 시행착오를 거치면서 아이에게 필요한 것이 무엇인지 잘 파악하게 된 것이 아닌가 생각되네요. 특히, 상담을 받으면서 어머니가 보다 아이에게 적절한 양육을 하려고 노력을 많이 하셨기 때문에 좋은 변화들이 나타나고 있다고 생각돼요. 아이를 바라보는 눈도 많이 여유로워졌구요.

이제 목표 지점이 얼마 남지 않았는데, 어머니께서 생각하시는 어머니와 아이의 8점의 모습을 좀 더 생각해 오셨으면 해요.

목표 점수가 8점으로 정해졌다. 그러나 목표행동이 무언가를 하지 않는다는 부정적인 방법으로 설명되었다. 따라서 목표행동을 보다 구체화시키는 과제가 제시되었다.

제7회

◈ 참석자 : 내담자의 어머니

(어머니 사정으로 약속한 날에서 1주 뒤에 만나게 되었다.)

치료자 : 2주 만에 만났는데 무엇이 좀 좋아졌나요?

어머니 : 비교적 잘 지냈어요. 옛날에는 아침에 학교 갈 준비할 때 '저게 왜 안 하나?' 라는 생각을 했었는데, 지금은 책 읽으면 그냥 두고, 책을 안 읽으면 왜 옷 안 개나?라는 식의 말을 한 번 하고는 치워요. 아침에 책 읽으면, 책읽기가 바람직한 행동이니까 옷 안 개도 그냥 놓아두고 그래요.

학교에서 한자인증제와 줄넘기 등 여러 가지 인증제 시험이 있었으므로 준비하느라 정신이 없었음을 말하였으며, 아이의 친구관계에 대해 적극적이지 못한 것이 안타깝다는 불만을 이야기하였다. 그러나 단순한 불만이라기보다는 아이에게 칭찬을 통해 격려하겠다는 대안도 제시하였다.

치료자 : 그런데 지난 2주 동안 인혜의 행동은 몇 점 정도나 될까요?

어머니 : 여전히 7점이에요. 지난번에 말씀드렸듯이 생각하는 것에 도움이 되는 학원에 다니고 있잖아요? 거기서 '내가 나의 주인이다' 뭐 그런 생각을 자꾸 하게 하나 봐요. 그래서 그걸 통해 나름대로 스트레스를 푸나 봐요.

치료자 : 숙제를 잘 하시잖아요? 8점의 모습은 어떤 건가요?

어머니 : (웃으며) 글쎄 … 제가 지금보다 잔소리가 줄어드는 것인데 ….

메시지

지난 2주 동안 어머니, 인혜 모두 잘 지냈던 것 같아 굉장히 마음이 기뻐요. 아까 어머니께서 아이가 계속 변화 없이 7점이라고 하셨는데, 사실 오히려 5점, 4점으로 나빠질 수도 있거든요. 그런데 그렇게 높은 점수인 7점을 유지한다는 것은 참 쉬운 일이 아니거든요. 그래서 어머니와 인혜 모두 그 변화를 유지하기 위해 많이 노력하고 있다는 사실을 알 수 있었어요. 그런데 참 어머니께서 양육에서 중요한 점을 지적해 주셨는데, 정말 아이와의 관계에 있어서 부모가 기다려 주는 태도가 참 중요한 거예요. 부모가 아무리 닦달해도 아이가 준비가 되지 않은 상태라면 오히려 스트레스를 유발하는 상황이 되잖아요? 어머니께서 아이와 지내는 지혜로운 방법을 발견하신 것 같아 참 고무적이라고 생각되네요.

그래도 여전히 8점의 모습은 한 가지밖에는 말씀하시지 않는데요. 이제 2주 정도 시간을 두고 만나도 될 것 같구요. 그때까지 한 번 더 생각해 오시기 바랍니다.

생각의 전환이 어려운 것 같았다. 하지 말아야 하는 것은 정해져 있는데, 그 대신에 해야 할 행동들이 쉽게 떠오르지 않는 것 같아서, 지난 회기와 같은 과제를 주었다.

제8회

◈ 참석자 : 내담자의 어머니

상담을 시작하자마자 로션 바르는 상황에 대해 아이에게 속고 있었음을 호소하였다. 로션을 잘 바르고 나오는 줄 알았는데, 며칠 전 함께 세수를 하는 상황에서 아이가 로션을 바르지 않고 나가는 모습을 보고, 지금껏 바르지 않았던 것이냐고 했더니, '아니' 하는 얼굴에는 거짓말인 것이 묻어났다는 것이었다. 또 학교 급식으로 담임을 만났을 때 여전히 늘어놓고, 수업시간에는 딴 생각을 하는 것 같다는 말을 듣고 실망했다고 말하였다. 그렇지만 집에 돌아와서 아이를 야단치지는 않았다고 하였다.

치료자 : 어떻게 야단치지 않을 수 있었어요?

어머니 : 그건 상담을 통해 변화된 점인데요. 이제는 화를 내기보다는 아이와 같이 이야기하려고 하거든요. 그래서 선생님이 이렇게 말씀하시던데 하고 말했더니, '나는 잘하는데 …' 라고 대답하더라구요. 그래서 '선생님이 인혜가 변하기 전에 것을 가지고 이야기하신 모양이구나. 선생님의 생각이 변하도록 잘 하자' 라고 얘기했어요.

치료자 : 와, 대단하신데요. 그런 상황에서 아이의 말을 믿고 격려하는 것은 쉬운 일이 아닌데, 정말 어머니의 변화된 모습이네요. 그런 모습이 결국은 아이에게 긍정적인 양육행동이 되는 거죠. 그런데 아이에 대한 행동에 대해서 두 가지 견해가 발생했는데요. 아이는 스스로 잘 하고 있다고 평가하고 있는데, 담임교사의 말로는 전혀 변한 것이 없다고 하잖아요? 어떠세요?

어머니 : 글쎄, 제가 보기에는 수업 끝나고 정리하고 집에 오는 시간이 좀 빠듯한 것 같구요. 특히, 배식도우미는 알림장까지 다 쓴 아이를 시키는 것인데, 1학기 때는 인혜가 못했지만 2학기에는 여러 번 배식도우미를 한다는 것은 어느 정도 따라가고 있다는 것 아니겠어요? 그래서 아이를 격려하는 쪽으로 생각을 하게 된거죠.

치료자 : 어떻게 그렇게 생각하실 수 있으셨어요?

어머니 : 글쎄, 아이의 급격한 변화보다는 저 스스로 눈높이가 낮아져서 만족스럽게 된 것 같아요. 옛날에는 기본생활습관 형성이 잘 안 되는 것이 인혜만의 문제인 줄 알고 걱정을 많이 했었지만, 주변 엄마들에게 물어보니 그 집들도 잘 안

되고 있었고, 또 상담을 통해서도 아이의 나이에 맞는 행동에 대한 인식이 생겼기 때문에 편안하게 되었어요.

치료자 : (웃으면서) 그러니까 변화는 없고 단지 어머니의 기대 수준을 낮추었기 때문에 만족도가 높아졌다는 말이신가요?

어머니 : 호호호. 그런 건 아니구요. 사실 아침에 옷 입는 속도도 빨라지고 밥 먹는 행동도 좋아졌어요. 대체로 7시 30분에 기상해서 8시 20분에 학교로 가는데, 엄마들의 얘기가 거기서 거기더라구요.

어머니의 말 가운데 긍정적인 변화를 발견하여 확대해 갔다. 아이를 야단치는 대신 아이를 믿고 격려하는 양육행동을 보인 것을 인정하고 칭찬하는 것에서 한 발 더 나아가, 아이를 격려하게 된 동기까지 끌어내어 말하게 함으로써 확신을 갖게 하였다. 간접칭찬의 결과다. 한편 다른 엄마들을 통해 담임선생님이 아이의 장점보다는 단점을 들추어내는 분이라는 것을 알게 되었다고 하면서, 담임교사의 인혜에 대한 비판적인 견해 또한 그런 부분을 반영한 것 같다고 하였다. 이로 인해 인혜의 행동에 대해 걱정하기보다는 정상적인 행동으로 받아들이게 되었다.

어머니 : 이제 많이 편안해졌어요. 결국 제가 바뀐 거죠. 아이를 대하는 태도가 편해졌어요.이제는 매를 대는 경우가 거의 없거든요.

치료자 : 그 변화를 누가 가장 잘 알고 있을까요?

어머니 : 남편이죠. 사실 상담을 시작하기 전에는 아침마다 소리 지르고 난리를 쳤는데, 그걸 남편이 제일 싫어했어요. 그런데 요새는 아이를 보고 있다가 시간적으로 안 되면 내가 나서서 옷 입고 밥 먹는 것을 도와주거든요. 예전에는 도

와주지도 않고 소리 지르고 계속 눈으로 아이를 쫓았는데, 지금은 그러지 않거든요. 아빠도 예전에는 아이를 깨우다가도 불편한 기색을 보였는데, 지금은 아빠도 아이를 장난스럽게 깨워 같이 변해지는 모습을 봐요.

치료자 : 아빠도 많은 협조를 하시는군요.

어머니 : 네. 인혜도 스스로 옷을 빨리 입고 … 일전에 다른 친구 집에 가서도 옷을 개어 놓고 책을 보고 그래서 친구 엄마가 놀랐다는 말을 들었어요. 그래서 아이 앞에서 아빠에게 공개적으로 칭찬해 주기도 했어요.

치료자 : 거의 해피엔딩인데요. 그럼 인혜의 변화된 행동들에 대해 몇 점 주시겠어요?

어머니 : 7점이요. 어쨌든 편안한 마음으로 볼 수 있게 되었거든요.

목표점수인 8점에 도달하지는 못했지만, 현재 인혜의 변화에 만족해하고 있었다. 그래서 종결을 고려하게 되었다.

메시지

오늘은 정말 마음이 흐뭇하네요. 어머니 스스로 상담 이후 달라진 점에 대해 구체적으로 조목조목 말씀해 주셔서 참 좋았어요. 그런데 그런 변화들이 실은 모두 어머니의 노력의 결과이거든요. 그것을 아시는 게 중요해요. 제가 상담을 하면서 어머니께 느낀 것은 참 지혜롭고 슬기롭게 아이를 양육하신다는 점이기도 하죠.

오늘 말씀을 들어보니 이제 종결을 준비해야 할 듯하네요. 종결하고 나서도 이러한 변화를 계속 유지할 수 있는 방법이 무엇인지

한 번 구체적으로 생각해 오시기 바랍니다.

종결에 대해서 치료자가 먼저 제안한 경우이지만, 7점에서 어머니가 만족해하고 있었고, 종결 제안에도 적극적으로 동의하였기 때문에, 종결을 준비하는 과제가 제시되었다.

제9회

◈ 참석자 : 내담자의 어머니

(어머니가 『스스로 생각하고 행동하는 아이로 키우는 노하우 7가지』라는 제목의 책을 갖고 들어왔다.)

치료자 : 무슨 책이에요?

어머니 : 전 책을 잘 읽는 편인데요. 이 책의 내용이 상담을 통해 얻은 내용과 거의 유사하더라구요. 상담 받기 전에는 『영재로 키우기』와 같은 책들을 읽고 유익한 내용들을 부엌에 붙여 놓았었거든요. 그런데 지금은 이제 바뀌어서 이 책과 같은 내용의 글들을 읽으려고 해요.

치료자 : 그러니까 양육에 있어서도 관심 분야가 좀 바뀌었다고 할 수 있네요. 생각이 바뀌어 행동이 변할 수 있고, 행동이 변하여 생각이 바뀔 수도 있고 그렇더라구요. 참 많이 노력하셨는데, 상담이 끝나고 나서도 잘 유지하는 방법을 생각해 보셨어요?

어머니 : 유지하는 방법은 '흔들리지 말자' 뭐 이런 말을 냉장고 위에 써 붙여 놓아야 할 것 같아요. 그래서 잊을 만하면 보고 다시 생각해 내어야겠지요. 글쎄 지내다가 어려운 일이 생기면 일단 선생님께 연락해야 되겠죠.

지금까지 기울인 엄마의 노력을 인정해 주고, 엄마의 변화로 인해 인혜도 변화한 것이며, 따라서 서로 변화됨을 인정해 주었다. 그리고 부모와 자녀는 일방적으로 영향을 주는 존재가 아닌 함께 성장하는 존재라는 것에 대해 얘기해 주며 마무리 지었다.

메시지

어머니의 노력이 결실을 보고 있네요. 아이를 바라보는 어머니의 시각의 변화가 아이를 편안하게 해 주었고, 그러다 보니 아이에게 자신감을 심어 줄 수 있었던 것 같아요. 오늘 인혜가 왔었으면 더 좋았을 텐데 아쉬움이 많네요.

우리가 살다 보면 잘 지낼 때도 있지만 좌절되는 순간도 있잖아요? 그러니까 그것이 인생인데. 그러나 예전만큼 아래로 처지지는 않을 거예요. 그러니까 처음 상담에 오셨을 때의 걱정 많고 낙심되는 그런 상황으로는 되지 않을 거란 말이죠. 왜냐하면 어머니가 변했기 때문이지요. 어떻게 생각을 바꾸고 어떻게 극복해야 하는지 이미 터득하셨기 때문에, 아주 바닥을 치기 전에 다시 올라가실 수 있다는 얘기에요. 그럼에도 불구하고 어렵고 혼자 해결하지 못할 때면 언제라도 전화 연락하고 찾아오세요. 전 여기 있으니까요. 그동안 정말 수고 많으셨어요.

인혜가 오후 레슨으로 시간을 낼 수 없어서 같이 종결하지 못하였으나, 크리스마스를 지나 휴가기간에 시간을 내어 잠깐 만날 수 있었다. 인혜의 행동 변화에 대한 칭찬과 새해인사를 카드에 담아 전해 주었고, 2학년이 되어서 더 언니다운 모습을 갖기로 치료자와 약속하였다.

3. 평 가

1) 문제상황에 대한 치료자의 견해

부모는 자녀의 발달에 맞는 적합한 행동들에 대해 알고 있어야 적절한 기대를 할 수 있는데, 일반적으로 첫 아이를 키우거나 아이가 인지적으로 다른 아이들에 비해 앞서갈 때 부모는 자녀의 연령에 적합한 행동 이상을 기대하게 된다.

본 사례의 어머니는 자녀양육에 많은 관심도 있었지만, 이를 즐기면서 적극적으로 살아가는 스타일이었다. 아이가 엄마의 기대에 부응하여 인지적으로 다른 아이들보다 앞서 있었으나, 기본생활습관과 다른 발달 영역에 서는 자기 연령에 맞는 발달적 특성을 보이고 있었다. 그러나 어머니는 아이에게 더 어른스러운 행동을 기대하였다. 어머니가 가장 불편하게 여긴 점이 아침에 학교 가기 전 30분 동안, 세수하고 로션 바른 후 제자리에 두기, 잠옷 개키고 옷을 옷장에 넣어야 한다는 것인데, 이러한 행동은 일반적으로 초등학교 고학년 학생들에게서부터나 볼 수 있는 행동들이었다. 따라서 어머니가 과잉기대를 낮추고 아이의 행동을 정상화하는 것이 어머니의 목표행동을 달성하는 데 도움이 되었다.

2) 효과적이었던 질문기법

치료과정에서 주로 사용된 질문기법은 관계성 질문, 예외탐색, 간접 칭찬, 대처질문 등이었다. 이 중 가장 효과적이었던 질문기법은 관계성 질문으로 어머니 자신의 행동을 변화시키는 데 가장 도움이 되었다. 간접칭찬과 대처 질문도 효과적이었는데, 어머니와 인혜 모두 새로운 행동을 보고할 때마다 행동의 변화 저변에는 변화하려는 동기가 있었다는 것을 스스로 시인하게 함으로써 내담자들에게 힘을 실어 주었다.

3) 아쉬운 점

첫째, 내담자인 인혜와 더 많은 상담 회기를 갖지 못한 점이다. 인혜의 스케줄 때문에 주로 오전에 상담을 하였으며 종결 이후의 만남까지 총 3회밖에는 만나지 못하였다. 그러나 가족치료는 개인을 상담하면서도 가족 구성원들의 관계 속에서 변화를 추구하기 때문에 어머니를 통해 인혜의 변화를 강화할 수 있었다. 둘째, 변화를 확인하고 나서 이 변화를 유지하고 확대하는 질문을 많이 하지 못했는데 이는 치료자가 계속 노력해야 할 부분으로 생각된다.

4) 기여점

또래들의 생활에 대한 정보를 얻어 인혜의 행동을 정상화시키는 과제가 적절하였다. 1학년 아이로서의 생활태도에 대한 객관적인 관점을 형성하는 데 도움이 되었다. 그래서 비록 8점의 목표점수에는 도달하지 못했지만, 7점의 상황에서도 매우 만족해하면서 종결할 수 있었다.

부 록

접 수 기 록 지

접 수 자 :　　　　　　　　　접 수 일 :

이　　름 :　　　　　(남, 여)　생년월일 :　년　월　일(만　세)

전화번호 :　　　　　　　　　H.P. :

주　　소 :

상담의뢰기관(자) :　　　　　이전 상담경험 : 유,　무

상담받은 기관 :

호소문제

접수 후 처리사항(○, ×표)

상　　담 (　　) 담당치료자 :

타기관의뢰 (　　) 기 관 명 :　　　　담 당 자 :

기　　타

내담자 인적사항

1. 인적사항

이　름		생년월일	년　월　일		
주　소					
직　업		나　이		학　력	
전화번호		휴 대 폰			

2-1. 가족사항

관 계	이 름	(만)나이	동거여부 (○, ×)	직 업	학 력	기 타

2-2. 가계도

치료기록지(Progress Report) 1회

내담자 :

날 짜 : 년 월 일( ) 오전/오후 시 분 ~ 시 분

참석자 : ____________________ 치료자 : ________________

1. 주요 문제 및 증상

2. 문제의 배경

3. 치료 목표

4. 치료 과정 및 기법

5. 메시지: 칭찬, 과제, 제안, 교육

치료 기록지(Progress Report) __회

내담자 :

날 짜 : 년 월 일( ) 오전/오후 시 분 ~ 시 분

참석자 : ________________ 치료자 : ____________

1. 계획(목표설정)

2. 치료과정

3. 메시지: 칭찬, 과제, 제안, 교육

4. 내담자의 Progress를 매회 ✓로 반드시 기록할 것

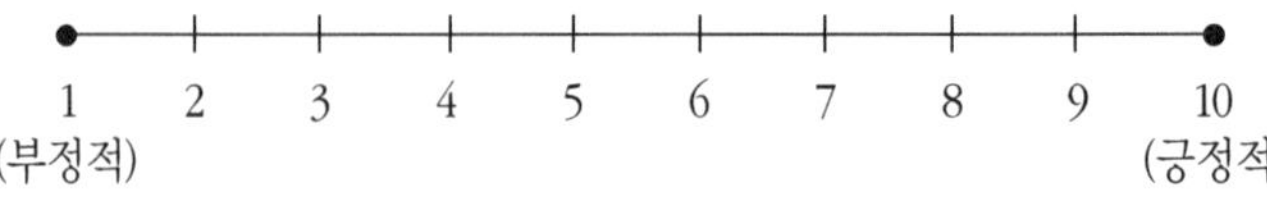

참고문헌

가족치료연구모임(역)(1995). 해결중심적 단기가족치료(개정판). 서울: 하나의학사. Berg, I. K, & Miller, S. D. (1993). *Working with the problem drinker: A solution-focused approach*. New York: W. W. Norton & Co.

가족치료연구모임(역)(1995). 단기가족치료-해결중심으로 되어 가기. 서울: 하나의학사. Walter, J. L., & Peller, J. E. (1992). *Becoming solution-docused in brief therapy*. New York: Brunner/Mazel, Inc.

송성자(2001). 한국문화와 가족치료-해결중심접근. 서울: 법문사.

한국단기가족치료연구소(2006). 해결중심적 단기가족치료-초급과정 교재. 서울: 한국단기가족치료연구소.

한국단기가족치료연구소(2006). 해결중심적 단기가족치료-중급과정 교재. 서울: 한국단기가족치료연구소.

Berg, I. K. (1994). *Family Based Services: A solution focused approach*. New York: W. W. Norton & Company.

de Jong, P., & Berg, I. K. (1997). *Interviewing for solutions*. Brooks/Cole Publishing Company.

de Shazer, S. (1985). *Keys to solution in brief therapy*. New York: W. W.

Norton & Company.

de Shazer, S. (1988). *Clues: Investigating solutions in brief therapy.* New York: W. W. Norton & Company.

de Shazer, S. (1988). *Putting difference to work.* New York: W. W. Norton & Company.

Haley, J. (1986). *Uncommon therapy: The psychiatric techniques of Milton H. Erickson, M. D.* New York: W. W. Norton & Company.

저자 소개

정 문 자

미국 Syracuse University 대학원 아동 · 가족학과, Ph. D.
현 연세대학교 아동 · 가족학과 교수
상담심리전문가, 가족치료 슈퍼바이저
Clinical Member(미국가족치료학회)

송 성 자

숭실대학교 대학원 사회사업학과, 문학박사
전 경기대학교 사회복지학과 교수
현 가족치료전문가, 가족치료 슈퍼바이저
Clinical Member(미국가족치료학회)

이 영 분

이화여자대학교 대학원 사회사업학과, 문학박사
현 건국대학교 사회복지학과 교수
수련감독전문가, 가족치료 슈퍼바이저

김 유 순

미국 플로리다 주립대학교 사회사업대학원, Ph. D.
현 성공회대학교 사회복지학과 교수
가족치료전문가

김 은 영

독일 Bochum 대학교 사회과학부, Dr. rer. soc.
현 한신대학교 사회복지학과 초빙교수
단기가족치료전문가

어 주 경

연세대학교 대학원 아동 · 가족학과, 철학박사
전 연세대학교 아동 · 가족상담센터장
현 단기가족치료전문가

해결중심 가족치료 사례집

2006년 9월 22일 1판 1쇄 발행
2024년 9월 25일 1판 9쇄 발행

편저자 • 정 문 자 외
펴낸이 • 김 진 환
펴낸곳 • (주) 학지사
04031 서울특별시 마포구 양화로 15길 20 마인드월드빌딩 5층
대표전화 • 02) 330-5114 팩스 • 02) 324-2345
등록번호 • 제313-2006-000265호
홈페이지 • http://www.hakjisa.co.kr
인스타그램 • https://www.instagram.com/hakjisabook

ISBN 978-89-5891-313-9 93180

정가 12,000원

한국단기가족치료 연구소 안내

상담안내

아동상담

- 학교생활 부적응
- 행동문제(산만, 충동성, 반항, 도벽, 틱, 배변 문제 등)
- 대인관계의 어려움(친구, 부모, 형제 관계 등)

청소년상담

- 학교폭력, 부적응(등교거부, 집단따돌림, 성적부진 등)
- 행동문제(가출, 비행, 약물남용, 표현력 부족, 섭식장애, 우울증, 인터넷 등)

부부 · 가족상담

- 부부갈등, 이혼, 별거, 성문제, 가족 간의 관계문제 등
- 가정폭력, 자녀학대, 노인학대
- 부모-자녀관계 문제

개인상담

- 사회부적응, 사회적 문제
- 우울, 불안, 자살, 성폭력, 심리적 충격 문제
- 알코올, 약물남용, 도박, 쇼핑, 인터넷 등의 중독 문제

교육 및 훈련안내

Ⅰ. 단기교육과정

- 해결중심 치료 기초 다지기(초급)

해결중심치료의 원리와 철학 및 치료전략에 대한 이론 강의와 사례분석 및 질문기술 실습

- 해결중심 치료 활용하기(중급)

다양한 내담자를 대상으로 해결구축을 위한 효율적인 면접기술 지도 및 면담과정에 관한 교육과 실습

• 해결중심 치료 강화하기(숙련)

행동변화를 유지하며 확대하는 다양한 질문과 활동실습

II. 전문가 교육과정

• 단기가족치료 전문가 과정

단기가족치료 전문가 양성을 위해 치료과정의 구조화, 다양한 문제와 상황에 적합한 접근전략과 질문기술의 적용, 능력향상을 위한 집중적인 교육, 훈련, 슈퍼비전을 실시 – 단기가족치료 전문가 자격증 수여

• 통합적 가족치료와 자기이해

해결중심, 경험적, 보웬 모델을 적용하여 치료자 자신을 통찰하고 이해하며, 여러 모델의 주요 치료기법을 통합적으로 사용할 수 있도록 지도

• 가족치료 도구의 활용

상담도구를 활용하여 효율적으로 상담과정을 진행할 수 있도록 교육과 실습

• 이혼상담 전문가 과정

이혼과 관련된 법률과 다양한 상담기술을 교육, 훈련하여 협의이혼 상담제도 법제화에 대비한 이혼상담전문가 양성

• 사례나눔모임(Covision)

상담자들이 소집단으로 사례과정과 방법에 대한 의견 나눔을 통하여 임상적 발전과 자기성장 도모

연구 및 자료 안내

- 가족치료 프로그램 개발연구
- 상담도구 개발연구
- 영상교재 제작
- 교육교재 출판
- 가족치료 관련 저서와 비디오 테이프, 상담도구 판매
  (전화나 팩스로 주문할 수 있음)

- 상담예약: 02–3273–8275 / 팩스: 02–3273–8276 / 이메일: kibft@hanmail.net
- 홈페이지: www.brief-therapy.or.kr / www.가족치료.kr
- 주소 : 121–100 서울시 마포구 노고산동 106–82 한국단기가족치료연구소